添田 馨

Soeda Kaoru

クリティカル＝ライン

詩論・批評・超＝批評

思潮社

クリティカル゠ライン

詩論・批評・超゠批評

添田馨

思潮社

目次

Ⅰ 情況と展望

Ⅱ クロニクル

III　詩論時評

装幀＝佐々木陽介

クリティカル=ライン

詩論・批評・超=批評

I　情況と展望

批評の穴底と〈倫理〉の水脈

二〇〇四年、詩の批評の現場で

よく混同されがちなことだが、批評行為そのものと批評作品とは違う。批評作品はふつうに眼にすることができるものだが、批評行為そのものは眼にはみえない。例えば詩論集や評論集という書物のかたちになった批評作品の寡多によって、その年の詩における批評の横断的な活動水準を計ろうとしても、土台そこには方法的な無理がある。ただ批評行為、特に詩に関するそれがあまりに狭い場所へとその対象域を局限してきたここ数年の流れを考えれば、そこに〝批評〟そのものを真に埋め込んだ〝作品〟とは、どれほど頁数が少なくても、あるいはまた取り扱うテーマが一見して現在の主要な関心事からはみ出していたとしても、やはり私たちの詩と批評の歴史の突端に記憶されていかねばならない。

むろん私は、批評行為なきところに批評作品はあらずという原則をここでも行使するつもりなのだが、今年手にしたそれらの作品について不思議と共通する読後の印象を私がもったことをまず最初に述べておきたい。しいてそれを表現するなら、批評がその対象に接近する仕方がどれも一様に〝地面に穴を掘る感じ〟とでも形容できる身ぶりを有していた点だ。そしてそれらの行為が、どれもきわめて〈倫理〉的な挙動をその深層の動機のなかで示している姿に、軽い驚きを覚えもした。詩の批評の現場で、いま何が進行しつつあるのだろうか。

守中高明『存在と灰――ツェラン、そしてデリダ以後』(人文書院)は、ある注目すべき論点を私たちにまとめて再提示する機会を与えてくれた、とりわけ得がたい一冊と映る。特にその「1 詩的言語のポリティクス」において展開される問題系には、詩と思想をめぐるある古典的なテーマが、すぎさった過去の言説としてではなくあくまで現在の批評水準において正面から取り上げられており、興味深かった。すなわち〝ハイデガー問題〟とでも呼び得るような、あの哲学者ハイデガーが戦前から戦中・戦後にわたって継続的に行ってきたヘルダーリンの詩の解釈をめぐる一連の講義内容のことである。「ヘルダーリン――事のすべては、一つの固有名をめぐって生起している。一九三三年以後、ハイデガーにとって、この名が体現ないし集約していると見なされた美学‐存在論こそは、彼の現在であり、未来であり、また死後の生ですらあった」(49頁)――いうまでもなく、ここで最大の焦点となるのは「詩」の本質に関わる彼の思索と深い意味での政治とが結託しあったじつに解決の困難な問題である。いうならばそれは「〈民族〉の詩学」つまり詩の言葉の共同性と固有性の相克をめぐるとてつもなく根深い問題だ。

私見を述べれば、この〝ハイデガー問題〟については、これまでも何人かの果敢な挑戦者を見出すことができるが、しかしまだ誰もうまくその課題克服に成功しているようには見えない。そんな厄介な主題について守中は、今回、ひとつの注目すべき論理的導坑を掘り進めている。冒頭におかれた「灰の分有――パウル・ツェランという音域」において、この根深い問題は思索者ハイデガーの対極にパウル・ツェランという運命的な詩人の言葉を配することで、より一層の幅と深度において検証されようとしている。また、ハイデガーが「根本情調」や「根本気分」といった述語で一元的に解釈をすすめるヘルダーリンの詩作品に対し、「形象へは翻訳不可能な散逸性と残留性を刻印している」(81頁)として、新たな〝読み〟の装置の必要性にみずから言及してもいる。「われわれは今や、ある種の全般的「ポエジー」批判を準備しなければならないのだろうか?」(115頁)――この言葉で守中はこれら一連の論考を締めくくっているが、想定されるそのポエジー批判が、その対象域をこの〝ハイデガー問題〟を踏み台にして、私たちの現代詩のどの部分にまで及ぶことになるのか、注目していきたいところだ。

さて、この書物に関しては、もうひとつ触れておかねばならぬことがある。それはわが国の詩的風土において守中が、新たに〝萩原朔太郎〟という問題系を再発掘したことだ。晩年の朔太郎がしきりに提唱していた「新しき韻文の建設」を、守中は「不可能な概念」であると見抜き、それを「不可能であることによって人の想像力を牽引するべく設定された空虚な形式」すなわち「イデオロギーとしての韻文、イデオロギーとしてのリズム」だとしつつも、そこに「「新日本」という国家の概念がはっきりと呼び寄せられている」のだとしたら、広くこれはわが国の近=現代詩が避けて通ることのできなかった一種病的な宿命性といったものを、いささかなりともそこに打印するものではないのか――そう守中が言っているように私には聞こえた。そして、まるで目に見えない何かの水脈がそこにひと筋底流してでもいるかのように、これと相通底する問題は、不思議なことにほぼ時を同じくして他の論者の仕事のなかにも、一斉に萌芽を見せるのである。

山田兼士『小野十三郎論――詩と詩論の対話』(砂子屋書房)は、このきわめて戦闘的だった詩人のじつにスリリングな誕生とその後の生成の道行きとを、時を追ってトータルに描き出そうとした野心的な試みである。とくに私は、小野十三郎の詩的な出発が萩原朔太郎との対決をもって開始されたとする経緯を、文献や事実関係の周到な踏査によって山田が複眼的に立証しようとした点に、一定の成果の跡をみるべきだろうと思う。「この世の中には、或種の人間の胸には、絶対に受け容れられない音楽性がある」という小野の「萩原朔太郎論」の冒頭部分は、この詩人の否定の対象がまず萩原のいう「新しき韻文」であった姿を如実に示しているが、さらに山田が小野のこうした文章の背景を考えるうえで「どうしても避けられないのは、当時の政治情勢との関わりだろう」（44頁）と述べている箇所がとりわけ目を引いた。すなわちこれが書かれた一九三五年当時における思想弾圧、言論統制そして小野自身も留置されることになるアナーキストの全国一斉検挙といった時代状況からの強力な影響関係を、山田は正確に見据えているのである。この論考の真骨頂は、このように詩文学の内側からの視線と外側からの視線の両方を、思考のなかでヴィヴィッドに拮抗させている点にあるだろう。

「小野十三郎の『詩論』を論じたい。詩学的、持続的、体系的に」（9頁）――こう始まる論考は、しかしその最も深い動機をどこに置いているのか。「「近代」から「現代」への詩の意識革命を考察したい」とする山田は、自らの小野十三郎論のはじまりにあたって「小野詩論の重要性とは、晩年の萩原（朔太郎――引用者注）が逢着したアポリアの克服にある」（12頁）のだと述べ、この詩人論の構想を、いわば小野と萩原との詩的な近接からはじまり、後年になって訪れる朔太郎への「詩論」的な否定にまでいたる過程のうえへと全面的に位置づけた。その実証的な筆致は一貫して淀むところがないが、しかしその視線の本当の向け先は、実は私たちの現代詩の起源を探りあてようとするところにあったのではないか。「あとがき」で山田は、わが国の現代詩について「小野十三郎から谷川俊太郎までの間に成立した詩こそが半世紀以上にわたって我々の「詩」として認知され続けているなにものかである」（254頁）と書いている。つまり一九三九年の小野の詩集『大阪』を「プレ現代詩」のはじまりと位置づけ、さらに胎動期をへて一九五二年の谷川俊太郎『二十億光年の孤独』から現在までをほぼ「現代詩」の時期だとみなす新しい史観の提出がなされているのだ。こうした観点の妥当性についてはさらに議論の余地があるように思うが、萩原朔太郎から小野十三郎をへて谷川俊太郎へといたる経路を批評的に切り開いた点で、まさに「日本詩の現況に一石を投じる」役割の何がしかは果たしたに違いない。

おなじく萩原朔太郎から出発しながら、まったくそれとは異趣の詩を生きた詩人——すなわち西脇順三郎の再評価を期して書かれた中村鐵太郎『西脇順三郎、永遠に舌を濡らして』（書肆山田）もまた、詩人論の体裁をとりながら、そこに現代の詩にむけての詩論的な主張を暗黙裡にこめた作品といっていいだろう。当然ながらそのことは私たちに、西脇の『超現実主義詩論』（一九二九年）を現在の視点からどう評価するかという問題を誘発せずにはいないにしても、中村はそれを直接の論理化をもってはせずに、ひたすら西脇の詩作品そのものの作られ方の地層を掘り起こす作業を通してなそうとしている。「西脇順三郎からわれわれへ引かれている無数の線のうちには、創造ということについて通常われわれが了解しているもの、たとえば制作の唯一性、あるいは意味と伝達にまつわる言語の中性的機能をそのまま肯定する便利な補助線はほとんど存在していない。詩人は神託をもたらす。あるのはおどろくべき結合術とくりかえしだけだ」（27頁）——中村は西脇順三郎の詩についてこう総括した後、一体どこからそうした趣向が立ち現れることになるのかを批評的に解き明かそうとする。そしてここでも萩原朔太郎という存在が、その直接の先達者として登場の機会を見るのだ。

ただ、そこで西脇は朔太郎を否定したのではない。むしろ西脇の肖像は「比類のない解放の「マイスター」（33頁）として朔太郎をひとたびは受けいれたうえで、朔太郎がそのとき構想していた「個々の書き手や読み手と言語のあいだの宙吊りの運動」（49頁）たる詩の言語的現実、その〈現実〉から〈超現実〉のほうに向かって漂いゆく詩の言語の精髄のみを、彼は自家薬籠中のものとなしていったように描かれている。ならば最終的に西脇が降り立った場所とはどこなのか。中村はこう述べる。――「言葉は朔太郎のいうように未来の文章語を待つまでもなく、この鉛筆の先から肯定に継ぐ肯定として一瞬一瞬産出されるし、そうして可能性のなかに置きなおされた日本語に充塡されるべきなのはいかなる内面でもなく、内面と外面を等しく世界のスクリーンに置いて世界本来の差異にまで返す運動なのである。参照されるべきイデアが不在としてあるのではなく、区分自体がなくなってしまう。草花も感情も観念も神々も、散歩の途上の石ころのようにならんであるものになったのは西脇順三郎が出てからのことだ」（55頁）――だがここにあるのは、よくよく読んでみれば、じつに挑発的な主張ではないだろうか。なぜなら、現在、いかなる留保もなしにこうしたかたちで西脇を評価すること自体、ひとつの明確な詩論的立場を表明することであるだろう。恐らくはそのことを意識しながら、しかしその一方で中村がみずから挑発を仕掛ける対象について一切言及を差し控えている姿は、私にはやや奇異に映る。この論考が私にとってどこか〝不気味なもの〟に感じられたのも、あるいはそのせいだったかもしれない。

　すでにしてその評価が大きく二分されていながら、その思想や学問的事跡によって過分に肥大したイメージを形造ってきたため、今日なおも完全には払拭しきれないカリスマ性を宿す多くの作家や詩人、学者等がいる。例えば折口信夫もそういった人物の一人だと言って間違いはないだろう。村井紀『反折口信夫論』（作品社）は、そのタイトルが示す通りひとことで括れば折口批判の書、それも真っ向から勝負するたぐいの〝神話はがしの書〟であると言える。「私はできるだけ折口を「天才」と祭り上げずに、歴史的に位置づけしなおし、折口の生きた時代にもどそうと」（18頁）したいのだと村井は述べている。そして「大げさに思われるかもしれないが、私にとり折口信夫研究は、日本ファシズムの研究なのである」（10頁）とも書く。「折口信夫と日本のファシズム――。折口が十五年戦争期にその学問と詩歌によって活躍したのは、たまたま彼が戦争に際会して、「時局」に便乗したということではない。私が注目するのは、また他のアララギ歌人や詩人たちの戦争讃歌と折口とが異なるのは、さらに風巻景次郎など国文学者らと異なるのは、短歌のほかに自ら創造した叙事詩形で〝参戦〟している点である」（同）――みずからの折口批判の動機を村井はこう記すが、「折口信夫」という放っておけばいくらでも分裂＝増殖していく〈神話〉を解体しうるほとんど唯一の機能が批評に他ならないことを考え合わせれば、こうした起論の動機は現在にあってもなお貴重なものと映る。実際私などは、村井の取組み姿勢に大いに勇気づけられるところがあった。

村井の折口批判は、主にその戦争への参画から戦後における変節の問題、さらには周囲からの過剰な祭り上げられかたに関するものなど多方向にわたり、その内容は決して一様ではないが、私はこのような点にあの〝ハイデガー問題〟が提示したのとおなじ困難さのバリエーションが、遠く残響しているのを聞く思いにかられる。折口信夫にとっては、「文学」はもとより「詩」すらも自己が創出した〈神話〉の別名に他ならなかったと言えるが、そのことは例えば彼の小説『死者の書』のモチーフが日本神話に材をとっているといった単なる形式上の理由に止まらず、もっとより本源的かつ胡散臭い文化領域にその根を持っているからだという暗示をも、この書物は訴えているように思う。確かに、村井の言うように、戦争期の折口が創作した神話的叙事詩に対する評価研究は、これまでほとんど行なわれてこなかったに等しい。いわゆる「戦争協力詩」の問題と並んで、今後この問題は批評的に究明されていくべきだろう。新しくこうしたテーマを発掘したという意味で、村井のこの仕事は今なおあまた残存するパンドラの箱をようやくひとつ開け放ったと言えるかもしれない。

ひとりの詩人の評価を、その書き残された作品から作りあげることとなら誰でも考える。だが、その詩人の破天荒な生き方といったところからその肖像を新たに組み上げる試みも、一方で詩人論の可能性を別の次元におし開くことがあるのかもしれない。野村喜和夫『金子光晴を読もう』（未來社）は、私にそのようなことを考えさせる一冊だった。このたぐいの本は最初の構想力が勝負を決めてしまうきらいがあるが、本書もその例にもれずなかなかに周到な読解装置のプログラムがインストールされている。金子光晴の詩を「どこか冗漫で、散文的で、いまひとつ乗り切れないところが」あったという野村だが、九〇年代後半以降になって不思議にこの詩人のことが気になり始めたという。その理由を彼は「九〇年代後半以降、民族や言語や共同体についてのさまざまな近代性が問い直されるようになりましたが、そうしたなかにあって、あたかもどこにも帰属する場所を求めずに書き続けたかのような詩人金子光晴の存在が、奇妙に新鮮にまた意義深くみえはしないか。そういう問いかけ、というか直観」（11頁）があったからだと述べている。だが、その一方で金子の詩の散文性について、これを隠喩を中心に据えた「戦後詩」に対向させることも野村は忘れていない。続けて、「散文性とは、詩法としての隠喩に頼らない特異な金子ワールドを形成するキーコンセプトであるかもしれず、そのようなものとしてさらに、近現代詩そのものを超えてゆく契機をさえ孕んでいるのかもしれないのです。考えてみれば、いわゆる戦後詩というものの詩学が、金子詩と対極をなすように隠喩を中心に据えていたわけで、そういう戦後詩が意味をもっているうちは、金子光晴もあまり問題にならなかったといえるかもしれません」（14〜15頁）——こう書いているからだ。このように、野村が金子光晴の詩を取りあげるさいの読解プログラムは、あきらかに「戦後詩」を過去のものとして色分けする新型ソフトへとバージョンアップしているようだが、その内容はやはり金子という巨大な個人性に頼るところがまだまだ多いように見受けられた。無論、文学において新しいものはつねに〝個人〟から発せられる訳だから、野村が金子光晴を再発見したそのこと自体は私たちの詩にとってもむしろ歓迎すべき兆候なのだろう。

記憶とは、どれもじつに個人的な時間粒子の集合体にほかならない。おなじく具体名をもつ詩人個人について、その回想を記録するかたちで過ぎ去ったひとつのエポックを炙り出そうとする城戸朱理『吉岡実の肖像』（ジャプラン）は、徹底してこの傑出した戦後詩人と城戸との私的な交流の記録、もっというならその些末とも思われるような細部にこそ熱いこだわりを充塡させているのが特徴的だった。彼がよく吉岡実と入ったという渋谷道玄坂の喫茶店「ＴＯＰ」での細々としたやり取りの叙述などは、いまも不思議な時の光彩を放っているようで共感を持てた。それは、現代詩をめぐる生きた記憶の一場面の情景をたしかに描き出していて、私などにも郷愁を誘うものがある。また、安水稔和『竹中郁　詩人さんの声』（編集工房ノア）も、物故した詩人・竹中郁にたいする安水の私的な記憶をベースにして書かれた詩人論という点で、前著とは共通する部分がある。「詩人さん」とは、他ならぬ安水の記憶のなかの「竹中郁」へ、親しみをこめて語りかけるときの呼称である。若い時分に安水は神戸の町を歩く竹中をよく見かけたといい、そのことを仲間うちで話すのに「今日町で詩人さんに会ったよ」などと普通に言ってもいたらしい。ともに神戸の町で暮らしたふたりの詩人の記憶が、文面を通じて、知らないはずの私の意識のなかへ忘れがたい時代像を結んでいく。

大上段に構えたイデオロギー的、体系的詩人論ではなく、著者本人の記憶のなかのこうした生きた詩人像をたぐりながら、その作品の生命に触れようとする文章は、読む者にたしかにこれまで他人のものだったある時空感覚というものを植え付けていく。そしてそれは文学だけが持つある意味、心地よい体験なのだ。

最後に牟礼慶子『鮎川信夫からの贈りもの』（思潮社）に触れたい。ひとことで言うなら鮎川信夫の、これは極めつきの評伝である。牟礼には、これに先行してやはり鮎川の七回忌の墓前に供えたという評伝『鮎川信夫——路上のたましい』（思潮社、一九九二年）があるが、新発見の資料などを加えた今回の著作は、明らかにそれの延長上に位置づけられる性格のものだろう。だがそれにしても驚くのは、鮎川やその友人たちの残された手紙の類から創作のためのノート類、メモの断片、初出誌等々にいたるまで、その徹底した資料の渉猟と、そこから得られる事実関係の気の遠くなるような照合作業が、寸分の狂いもなく恐ろしいくらいの精神の強度において完遂されている点だ。牟礼のその情熱を支えたものは何か。

私は、それを詩人鮎川信夫が生きた時間、それも私たちがこれまで絶対に知ることのなかった別種の時間の、批評のまなざしからする彫琢への意志だったのではないかと思う。単に伝記的事実を積み上げただけでは、そこに文学の時間は流れない。歴史時間のなかをただ浮遊するだけの詩作品とすでに通り過ぎていった詩人たちの残像。これらの相互に有機的な結合が批評という行為において実現された時、それまで無味乾燥だった諸々の事実群も、まったく別箇の意味の光を新たに帯びはじめずにはいない。批評の行為が、このように平板な現在時の地平をひたすら掘り進むていの穴底での作業だとしても、そこに一貫して流れるたゆまぬ意志の先端をあらう水脈をこそ、私は〈倫理〉という古くて新しいこの言葉で呼んでおきたいと思う。

微差異化の地形

二〇〇七年展望

ながいこと詩と批評の両方に首を突っ込んで、ものを書いたり考えたりしていると、この両者は無論のこと不可分一体であるという感触をますます強く持つのだが、その一方でこのところ気になって仕方がないのは、そのことよりもむしろ、詩と批評はどのようにずれているのか、という両者の根本的な差異のほうなのである。記述の形式上の差異のことではない。また、それは詩とは何か批評とは何か、といった問いかけとも微妙に違う。以前より私の関心は、こういってよければ詩そのもの、あるいは批評そのものに対してというよりも、両者の有機的な関わりあいを読み解くなかに、一体どのような時代の立体像が浮かび上がってくるのか、という点にあった。詩の言葉、批評の言葉が本質的であればあるほど、そこに見えてくる何ものかの像も、より一層の本質性を帯びるはずだからであった。つまり、私にとって、詩と批評の関係とは、アナグリフ（anaglyph）のようなものとしてイメージされてきたのである。

　アナグリフとは、二次元平面においた特殊な図柄を、赤と青片方ずつの色眼鏡を使って、それを立体的に浮かびあがらせる、あのよく知られたアナログな手法である。別名、余色立体法ともいい、その原理は赤と青のインキで、ひとつの図柄を微細にずらして印刷したものを作り、それを先の色眼鏡でみると絵が飛び出てくるような視覚効果が得られるというものである。このことを私なりに翻訳すれば、アナグリフとは色眼鏡というツールを使うことによって、二次元平面に描かれた無秩序にしか見えない図柄のうちに、なにか意味のある三次元図像を、あくまで虚像として浮かび上がらせる仕掛けだということになる。もともと私たちが何かを立体として視認することができるのは、左右両眼から発するふたつの視線の位相差が、脳内でひとつに情報処理されることによって可能になる訳だから、アナグリフとは、いわばこうした原理を逆手にとったものだということになろう。

仮に対象が、文芸作品とくに詩に焦点をあてた批評であってみれば、そこになにがしかの展望を与えるには、アナグリフの色眼鏡に相当する観念上の装置がどうしても必要になってくるわけだが、今年に限らずこの数年というもの、私にはそのような装置はしょせん作り物にすぎず、むしろ色眼鏡を通さなければ無秩序にしか見えない、その微細なサインに彩られた平面図の精査こそが、批評にとっては絶対的に必要なのではないか、という思いを強くしてきた。

例えば『吉本隆明　自著を語る』(ロッキング・オン)には、正統的な文芸批評の語り口によらない、インタビューという双方向的な語りを踏まえた記述形式が、これまで見慣れてきたはずの地形図を明らかに突き破った、という印象がある。とりわけその思いを強くしたのは、第八章「花田清輝との論争」を読んだときだった。

――今回はいわゆる「吉本隆明‐花田清輝論争」についてお話しを伺いたいのですが、まず前提として確認しておきたいのは、そもそも吉本さんは自分の思想的な対立者として、明確に花田清輝という人を想定していたわけでは決してなかったんですよね。

吉本　よくご存じですね。全然そうではなかったんです。当時「新日本文学」の支部会っていうのがあって、そこで「現代詩」っていう雑誌を出してたことがあるんですよ。黒田喜夫という詩人が編集者の頃です。その雑誌で対談をしてたら、全く不意にあの人が怒り出したんですよ。僕はなんで怒られてるのかわからなくて、啞然として。その対談も何が何だかわからないうちに終わっちゃったんです。ただ僕の理解の仕方では、花田清輝が共産党の党員として頑張りどころだって決心したんだって思ってます。僕は元々共産党の悪口ばっかり言ってたから、思い当たるとすればそれしかないんですよね。

（169〜170頁）

私は以前べつのところで、この「吉本 - 花田論争」のプロセスを跡づける作業をしたことがあるが、論争のそもそもの発端となった当の対談をいくら読み返しても、確かに花田清輝が吉本に対してなぜ怒っているのか、そのモチーフがよく摑めないといった印象をずっと抱き続けてきた。この論争は今まで主に、戦前派花田の左翼的思想に対する戦中派吉本のアンチ左翼思想という枠組みに還元するような読まれ方をしてきたと思う。しかし、インタビューのこの部分を読むと、対談記事からはなかなか見えてこない当時の両者の呼吸のようなものが、とてもよく伝わってくるのだ。それは、確かにこの論争の容易に歴史化されえない陰の実相部分だと思うのである。同様に、吉本における詩と批評に関する質問のくだりを引いてみる。

――たとえば『固有時との対話』なんていうのは、今の吉本さんの批評文と非常によく似ているんですけれども、ある意味ここででき上がった文体とスタイルは、結局、批評という形で今の吉本さんの表現活動の中に定着しているという感じがするんですよね。だから、そういった意味で、詩人・吉本隆明はいまだに我々の中で生き続けているし、詩を書かなくてもやっぱり吉本さんはある意味詩人であるというのが、僕なりの解釈なんですけどね。

吉本　いやあ、うーん、それはやっぱり好意的な解釈のような気がするんです。いや、なぜか俺は未だに、中原中也みたいな、とにかくもう現実生活が成り立たんようなところまで自分の作品としての詩を掘っていき、とうとう自分自身の生活すら、手あげるより仕方がないっていうところまで行っちゃった人に今でも惹かれるわけです。そういう未練がましいところがあるんですね。そうすると、自分なりのスタイルでこいつをなんとか自分で消化して、表現できるところまで持っていかないとおさまらんのじゃないか、と今でも思っているんです。だからそれはやっぱり、渋谷さんの言われるように好意的には言いきれないですよ。また、僕は自分自身に対する自己批評みたいなものの中で、どうしても、そこまで俺はできてないよって思っています。どこかで小林秀雄なんかとは違う意味合いでやれないかっていうことは、未だに課題としてありますね（…）。

（第一章「『固有時との対話』『転位のための十篇』」、30～31頁）

インタビュアーである渋谷陽一の、さばけた中にも本質をとらえて逃がさないその巧みな話術はほんとうに見事である。この部分は、まさに吉本本人から、詩と批評に関わるきわめて奥深い認識と発言を引きだすのに成功した個所だ。ひとつのポイントにのみ焦点を合わせるなら、ここで吉本が言っているのは、詩と批評が究極において一体化するような表現形式を、自分は自分なりのやり方でいまも探究しているのだ、という一点に尽きる。ある意味でそれは、私たちにとっても決して他人事ではない、文学における根本問題の所在にほかならないだろう。

（…）中原は、小林秀雄という稀有な批評的才能に出逢いながら、それが遂に生活感情の次元の無意識な反撥に終っていて、それをことばの思想の次元における対決、詩と批評の対立の自覚にまで転位させることができず、自己愛のなかに空しく空転していったものと見ることができるのである。中原の側から見たその不幸な構図のなかには、詩人と批評家の真の邂逅はなかったというべきだろう。

それに対して、いま一方の側の小林秀雄の批評は、中原の詩を、その批評と拮抗する対極にあるものとして含みえたであろうか。

（「詩の不幸と批評の不幸」、北川透『中原中也論集成』404頁）

北川透は、これまで三十年以上にもわたって自らが書き継いできた中原中也論の集大成ともいうべき『中原中也論集成』（思潮社）のなかで、詩と批評が現実世界のなかで取り結ぶのっぴきならない関係性を、中原中也と小林秀雄の決して幸福だったとは言いがたい人間関係を読み解くことによって、執拗に追求している。無論、ここには長谷川泰子をめぐる三角関係からくるどんよりした疲労感が色濃く影を落としてはいるものの、北川はあくまで彼等の作品をとおすことで、現実の分かりやすい顛末の物語性のほうへぶれていかずに、むしろそこに根拠は担保しながらも、互いに反撥しあう主題系としての詩と批評という対立軸にそれを変換したうえで、生きた論理脈としての批評性を徹底して呼び込もうとする。今回、あらためてこれらの論考を読み直して、当然のことながら文学上の致命的な相克というものが、日常世界の感情的負荷を背負った人間関係のドラマ以上に、奥深いドラマを演じて止まないという事実に思い至った。「わたしにとって中原中也は単に研究の対象でもなく、批評の対象でもなかった。中也の詩を繰り返し読みながら、わたし自身が詩を書くということはどういうことかを考えてきた」と、北川はその「あとがき」に当たる部分で述べている。さらに続けて、「若い日の中也との出会いは偶然だったが、それによって、これほど長い時間、またこれほど詩にとって、本質的で多様な思考の中に誘われたことは幸せだった、と思う」とも述べている。おそらく、文学を生きる多くの人が決定的な影響を受け取った先達をそれぞれ持っているように、中原中也は北川にとっての運命的な存在であったはずだ。論考の多様さに加え、この七百頁をこえる大冊ぶりが、何よりもそのことを物語っている。

例えば「汚れつちまつた悲しみに…」が、何故に詩としてすぐれているか。それは、「解体した自我が、完璧な倒立像を見せて、おそれげもなく対象化されているから」（265頁）だと北川は書いている。また、詩人・中原中也の誕生を「詩の不可能性を生活の可能性の対極におきながら、名辞以前の世界をめざすことによって、本質的に新しいことばの世界をつくりだすことができると、この詩人が信じたとき、彼は詩人としての主体をもった」（271頁）というようにも述べる。そして、中原中也の可能性について、「戦後の詩の可能性はこの（中也の詩の――引用者注）切断面にこそ接続していたのだと考えることができる」（723頁）と言い切ったとき、私はひとりびとりの詩人の存在はたとえはかないものに映るとしても、作品として残されたその言葉は、はるかに個を越えて次世代の未知の読み手にまで伝播していく実質なのだということを、いまさらながら確信できる気がした。たとえ詩人は孤立し孤独な存在であったとしても、詩の言葉は決してそうではないという、これは言外のメッセージのようにも聞こえる。

時間とはなんだろう。安直に、そんな問いかけをしてしまう。そしておそらくそのように問いかけることは、〝生きている今このとき〟という時間を逸脱してしまうことにしかならないのに。なにか、自分にからまってくるさまざまな問題が、結局はその問いかけへ収斂してしまうような気がする。たとえば、このままでいいのかという自分の生のあり方への疑い、あるいは親の老いや知人の思いがけない死、そしてもっと抽象的にはなぜ生きているのか、生き物が存在するのかという、誰にでもある通奏低音的な問題。それらは突きつめれば〝時間とはなにか〟というもっともシンプルな問題へと結局はたどりつくにちがいない。(…)

ところで、詩というものも「時間芸術」のひとつである。しかも、短歌や俳句といった伝統詩型が、定型という安定性をあらかじめ与えられているのに対し、詩にはそれが生ずるための器は与件としてはまったくないといっていい。あるいはもしかしたら、それが発生する場所は世界そのものであり、世界は詩の一行がはじまるまでは存在しないという言い方さえあながち極論にはきこえない。世界とはなにか。ここでは、〝世界は時間そのもの〟だとしたい。

(「詩と時間」、河津聖恵『ルリアンス』128頁)

こんなにも明快かつ力強いマニフェストを、最近、詩の世界ではついぞ聞いたことがなかった。河津聖恵の評論集『ルリアンス——他者と共にある詩』(思潮社)は、沈着かつ冷静な論理運びと、おのれの経験的な根拠をたえず踏み固めながら歩を進めるその文体にもかかわらず、全体として非常に透明でひるむことのない新鮮な主張に満ちている。かねてより私も、詩が詩であるための根本の条件とは、言葉に内在する時間性にほかならないとの考えを持っているので、河津の「世界（＝詩——引用者注）は時間そのものだ」という主張には、まったく同感する。だが一方で、文学の営為は、詩や批評もすべて含めて、単に「世界は時間そのものだ」と言明するだけでは、どのような本質性をも帯びるわけではない。そうではなくて、言葉みずからがそのような「時間」と化すること、むしろそのことが文学としての引くに引けない絶対与件であることを、河津は北村太郎の作品を批評的に語ることをとおして、私たちにむかって何としても告げたかったに違いない。そこには、河津なりの個的かつ強靱な内的必然性というものが、明らかに背景としてあった。

「詩を現代詩として意識して書きはじめてから、いつしか詩論という、もうひとつの表現のための通路を探《あなぐ》るようになった。八〇年代終わりに私はひとつの詩誌を立ち上げたが、詩誌たるもの、詩だけでなく詩論も載せなくては、という青臭い義務感と自恃にやがて駆り立てられたのがきっかけだった」と、河津は「あとがき」で書いている。この「詩誌」について私は多くを知らないが、河津がやはり九〇年代に自ら編集発行していた「ｐｆｕｉ！」というＢ六判の比較的小さめな同人雑誌のことは、とても印象に残っている。私は、その誌上にて連載された河津の批評文を、毎回感心しながらのめり込むように読んでいたことを思い出したのだった。連載の第一回目のタイトルは「「男性詩」について」であり、これは「女性詩」に対置される反対概念としてつくられたコンセプトだとそのときは理解したが、今回の「あとがき」によると、河津の当時のモチベーションは「男性（詩人）たちからの「女性詩」の暗黙の囲い込みに、非力ながら意趣返しをしたかった」という、高度な戦略性（あるいはルサンチマン）に基づくものだったとあらためて知ったのである。だが、私が河津聖恵により多く共感する部分とは、むしろそれに続いて語られる、次のような詩に対する認識をおいて他にはない。

> （…）まさかとは思うが、しかし私は詩の現在を手放しで信じてはいない。詩だけではない。二十一世紀になっても世界には戦争がたえず、今まさにゾンビのような何者かによって、この国もまた戦争に向かって秩序が改変されている。歴史がふたたび悪い呼吸を繰り返そうとしている。かつてそうだったように、詩の現在がそのリズムに引きずられていないとはかぎらない。たとえば女性という他者と共感しえないみえない心の分離壁も、いまだ、もしかしたらあらたに築かれているかもしれない。しかし誰かがいったように、差別、区別とは、自己の醜さや愚かさを他者に投影する無意識の逃避である。誰かを囲いこめば、自分がなにによって囲いこまれているかという思考を無効にもしうる。そして現在、詩はみずから、自身をその外部から囲いこんではいないだろうか。憂わしげに、愉しげに。だが、詩はそのように孤独であってはいけない。そんなつよい思いが私にはある。
>
> （「あとがき」）

「ルリアンス」とは、「信頼」「結びつき」という意味をもつフランス語からの造語であるらしい。何にせよ、詩の未来にほんのささやかな希望なりとも託そうとするならば、詩の批評も、そのみずからの言葉を、囲いこむ動作とは反対の、どこまでも開かれた圏域へと投げ返す努力を続けるしかあるまい。仮にそれが、私たちに残された最後の詩的な「結びつき」への可能性に対する非望の行為だと予想されるにしても。

時間もまた意味を形成することだろう。どんな混乱がセンテンスにおいてあるように見えても、おそらく意味を手放さないというのが、文じたいの持つ凝縮力だし、人間的な、本性にもとづいた、統語的な感覚だろうし、そのパワーは時間にあいわたるはずだという、われわれの深い信頼である。未来からさしこまれるような時間があるとして、それを〝表現〟することは可能だろうか。

（「99　時間の意味作用」、藤井貞和『詩的分析』374〜375頁）

時間がそのまま「世界」であるとしたら、それは同時に「意味」でもある、という理屈は無条件に成り立つのだろうか。世界が何のためにあり、人は何のために生きる――こんな問いかけが一般的な解答をもたないように、無機的な時間がストレートに何らかの人間的意味を自己形成するなどということは、おそらくないのだろう。だが、藤井貞和が『詩的分析』（書肆山田）で、一九六〇年代・山本陽子のまさに言語を絶するような詩や、一九八〇年代・菅谷規矩雄の言語の極北をいくような詩を参照しながら、みずからも危うく展開を試みているのは、一見するとそこにまったく意味の脈絡を見いだせない詩作品の言葉が、決して無価値ではない別様の時間というものを、彼方のほうから呼びこむ可能性は本当にないのか、といった切迫する問いかけにほかならなかった。「ことばを輝かす、原初のような何か」（藤井）とは、しかし詩の言葉のみが切りひらきうる可能性であると同時に、さらにこうして批評によって明示的に輪郭づけられるべき領域でもあるような気が、私にはしてならない。つまり、批評もそこで時間化しなければならない。藤井のこの根源的な問いかけに対しても、通り一遍な解答などは、むろん与えられようもないのだ。

さて、アナグリフの比喩などを使いながら、色眼鏡をとおさない微差異化したままの地形の中を、関心の赴くままにここまで歩いてきたが、いまだどんな眺望にも至り着けていないことは、読者諸氏よりも、書いている本人であるこの私が一番よく承知している。すでに途中から、私はなにか統一的な立体的展望を、これら批評的な言表のうえに描き出すことの徒労に気づいていて、ある部分、そうした意図を半ば放棄してしまっていたことを白状しよう。

しかし、そのことは、私が詩と批評の相互的かつ有機的な関係性の現場を、無価値なものとして投げ捨てたことをいささかも意味しない。むしろ、まったく逆に、この一見すると統合的に跡づけることがきわめて困難と映る表出言語の地形に分け入ることで、自分の捉え方とのずれをそこに見出しながら、みずからの批評言語をそのつど解体構築していきたいと願ってのことなのである。そのとき、批評言語の振る舞いかたとして、論理性と意味内容双方の実体的な根拠というものを、果たして自分はどこに求めうるのか。これまで見てきたことのなかに、そのヒントはかならずや隠されているだろうが、それを語りうるとすれば、すでにして私たちの日常言語の領空においてではないのかもしれぬ。

二重の螺旋、または批評と詩史的情況論　二〇〇九年展望

昨年（二〇〇八年）の九月に発生した「リーマン・ショック」すなわちアメリカの大手投資銀行リーマン・ブラザーズの破綻をきっかけに、恐慌と呼ぶに相応しい規模の金融危機が全世界を覆ったことは記憶に新しい。金融資産の止まるところを知らぬリスク損失と信用収縮の波は、さながら黙示録の四騎士の三番目にあらわれるあの〝黒い馬〟に乗る者が、まがりなりにも地上の繁栄を食いつないできた先進都市群を縦横無尽に踏み荒らして去ったような、未曾有の災厄いがいの何物でもなかった。経済システムのこうした危機的情況が、私たちの社会や暮らしにもたらした先のみえない閉塞感は、有効な決め手となる現状打開策を世界の誰ひとりとして提示できないことの、極度の存在不安からきている。折しも、メキシコから広がった新型インフルエンザが、全世界をパンデミックの渦に巻きこんだ事実と偶然にも符合する世界普遍的な危機の共時的出来の事態として、〝黒い馬〟の影は二〇〇〇年代最初の十年間の最後の年を、一様にほの暗く包み込んだのだった。大災害や世界戦争がなくても、普遍的な危機はつねに身近に侵犯してくる現実を、否が応にも意識せざるを得ない年であったと思う。

危機はしかし、突発的にふりかかってきたわけではない。世界経済システムの危機は、とりも直さず先

行する歴史過程そのものの内にその不穏な種子を懐胎させてきたのである。二〇〇〇年代、はからずも「9・11以後」の世界とほぼ重なりあうエポックとして、思想や文学の領域においても、それは既存の価値観の大幅な変動を余儀なくしてきた十年だったと言えよう。そして、同様のことは、文芸批評の分野においても、間違いなく生起したのである。文芸批評というものが、文学作品とりわけその言語的な表現価値をコンテンポラルに評価する機能と役割を担ってきた以上、巨視的にであれ微視的にであれ、時代の深層の変化をわが身に刻印した文学作品に対し、つねに現実の危機を内在的におりこんだ切断面を提示し続けるという基本スタンスこそが、そこでは堅持されねばならない。

現在、文芸批評と呼ばれるものがどこまでその責に耐えているか、いや、耐えようとしているか、その果敢な身振りの一端を神山睦美『二十一世紀の戦争』（思潮社）は、きわめて特徴的に伝えている。同書は神山が、二〇〇三年から二〇〇八年のあいだにさまざまな場所で書き継いだ批評文を集成したものだ。冒頭、文芸評論が読まれなくなった理由について、神山は「文学とはどこまで急進的なものか」という問いを「当の文芸評論家も読者も真剣に考えることがなくなったからだ」と答えている。ここでいう「急進的」とは、詩や小説を語るのに「政治と革命について明確なスタンス」を以ってする態度のことを指していた。無論、神山は、文芸批評がそのようなものとして読まれた時期が、「一九六八年の前後、数年の間」でしかないことを知ったうえで書いているのだが、しかしここでも大情況から説き起こして、現在の文学作品がおりなす微細な表現の襞にまで言葉を届かせようとする姿は、批評意識の独在性をいまもそのまま証し立てているものと私には映るのである。

特に私が注目したのは、第三章「普遍思想としての「修辞的現在」へ」において神山が、かつて吉本隆明の提出した「修辞的現在」というコンセプトの、現在からする思想論的な読み換えを試みている箇所だった。一九七八年刊行の『戦後詩史論』で吉本は、七〇年代後半に登場した若手詩人たちの作品特徴を、この「修辞的現在」というキーワードで読み解いたわけだが、本論で神山が再考しようとしているのは、発表当時、なぜそれは「世界視線」や「純粋疎外」といった吉本思想の中心的概念と交差しないまま、それ単独で打ち出されることになったのか、という根本からの問いかけである。そして、ブルトンの「超現実」概念に対する理解角度の微差をそこに認めたうえで、こう述べる。

> しかし、吉本の受け取りは、これと微妙に異なる。この「窓ガラスをがたがた叩く」ようにして現前するものを、就眠時の心的状態、半意識の状態に現れるものとみなし、これを記述することができるならば、言葉の表現領域は飛躍的に拡大すると取るのである。（…）
>
> 決して間違ったことがいわれているわけではないのだが、何かが違っている。本来ならば、「修辞的現在」は、このようなブルトンの超越的ともいうべき信憑に耐えうるかと問われなければならないところを、「修辞的現在」は方法の拡大に終始することで、ブルトンの方法がそうであったように、現実や意味から遠く隔たることになった、とするのである。（44〜45頁）

神山がここで、吉本的「修辞的現在」にこれまでとまったく違う角度から光をあて、いわばそのパラダイム転換を図ろうとした根本の動機は、なぜそれが吉本において二十世紀的（あるいは戦後的といってもよい）な「存在不安」を内包させた問題設定のもとに捉えられずに、つまりは戦後的な詩表現の原理性を担保することなしに、まったくそこから反転して「八〇年代の状況を受け入れて」いく「踏み絵」の役割を果たすことになったのかを、どこまでも思想の問題として引き継ぐことにあったと思われる。その限りで、「修辞的現在」はふたたび普遍思想の眺望のなかに再定位されるはずだとの力強い確信が、そこには息づいていると言ってよい。

さらにもうひとつ、神山のこうした考察は、七〇年代後半期以降の詩のありかたを、この「修辞的現在」を起点にして、ことごとくそこからの延長線上に捉えてきたこれまでの詩史論的な見方を、ある意味で完全にくつがえすものだとも考えられよう。第六章「二十一世紀の戦争」で、神山は瀬尾育生の『アンユナイテッド・ネイションズ』と稲川方人『聖-歌章』に言及するのだが、そこで両者の作品から焙り出されてくる「二十一世紀の戦争」のイメージが、しかしどこからやってくる詩的表象なのかは、神山の文面からは判らない。とりあえず私は、それを「未来から」とだけ言っておこうと思う。つまり昇順の回路から詩の変遷を論じるのではなく、未来における「戦争」の象徴表現をとおして、いわばそこからの降順の回路でこれら詩作品の現在を照射していることが、その批評の言語に独自の力強さを与えていると見えるからである。

『詩的間伐——対話2002-2009』(思潮社)は、まさにその二人すなわち稲川方人と瀬尾育生の詩をめぐってなされた八年間にわたる稀有な対話——その大半は「詩の雑誌midnight press」誌に掲載された——を、一冊の書物に集大成したものだ。この本がまこと画期を呈する所以は、文学をめぐる対話というものの記録が、初発の編集意図さえまちがえなければ、それは言葉の真正な意味で〝批評〟を形成しうるのだということを、ひろく私たちに指し示した点にある。本書は全部で十六編の対話から成り立っているが、どの対話を読んでも、そこにはいわゆる「対談」などによくある予定調和的な言説のやり取りははじめから排除されており、これまでさまざまな場面で「戦後現代詩」（稲川）をリードしてきた稲川と瀬尾という二人の詩人が、それこそ自らの経験の全体性をかけて語った生半可ではない知的な磁場が、それこそ全ページにわたって現出しているのである。

　これら一連の対話は、毎回数冊の詩集を双方合意のもとに取り上げたうえで、そのつど設定される中心テーマに沿うかたちで粛々と進行した様子がうかがえる。どのようなテーマかと言えば、例えばそれは、「2　詩の時間をどう作るか」や「4　公開の責任」「7　文学の虚構について」「8　詩の人称」「9「世界」との関係」「15「新しさ」とは何か」「16　詩的現在をどう語るか」等々、一読して分かるように奇をてらったものはひとつとしてなく、どれもが詩に特有な古くて新しいこれら正統的な課題群に対し、正面からよっつに取り組んだものばかりである。「まえがき」で稲川が「この無化された「歴史」と、しかしなお「無化」自体が頑強な歴史性として顕われている現在の狭間で、本書の「対話」は成立している」のだと書き、さらに「あとがき」で瀬尾がこれほどの長いあいだ両者の対話が続いた理由について、「なによりも両名が、このかん詩の言葉の現在のなかに、かろうじて人格として立ち続けていた、立とうと意志し続けていた、ということ以外ではありえない」と述べるのを読むとき、まさにこの対話自体が、戦後以降の詩の生きて動いてきた態様へとさまざまな通路を作りながら、同時に二〇〇〇年代（ゼロ年代）とほぼ重なり合う期間を粘り強く伴走したことで、自らもまごうかたなき歴史性を体現することになったのだとの印象は拭いきれないものがある。

　驚くべきことにここでも、一九七八年に「修辞的現在」と吉本が名指した言葉の「質」の問題が、現在の若い書き手たちの表現における苦闘の実態に、そのまま地続きに繋がっているという認識が交わされるのである。「13 回収されない言葉（たち）」の「不可避な過渡期としての「修辞的現在」」の章で、そのとき吉本から指摘を受けた当人でもある稲川は、当時かなりそのことに違和感を持ったものの、今となっては「明らかに時間が経ったということ」を実感するのだとして、次のように語っている。

稲川　（…）そこから二十数年経ってみるとやっぱり触覚がまるで違ってきますよね。だから吉本さんの「修辞的現在」の「修辞」という言葉の認識の出し方が次第に明らかになってくる過程がここ二十数年だと思うんです。それはたぶんわれわれにある認識の変容を強いた時間だということと同義だと思う。その変容を強いられていることに、どれだけそこから回避しないでやるかということが第一ですよね。もはや世代差もない、経験差もないというところに置かれている。これは現代詩一般にどのぐらいの力で届くかわからないですけども、そこはやっぱり強調しておきたいところです。単に世代差、経験差がないといったときの現代詩の問題というのがやっぱりある。

瀬尾　戦後詩の歴史をそれなりのアスペクトで見て、七〇年代くらいの場面を見たとき「修辞的現在」というふうに吉本さんが名づけたときの価値判断は決してポジティヴなものではないですね。ネガティヴな価値判断、だけど言われているところのものはやっぱり厳然としてあった。価値判断以前にそう名指されるような事態が起こっていた。（…）だけどそう名指されたものに関して言えば、その後われわれがそれを背負っていくしかないようなことがそこで起こっていたし、それはもう本当に個人の判断ではない気がするんです。日本の詩をそれ以後展開させようと思ったら、もうあそこを通っていくしかなかったのであって、今回取り上げた藤原さん（藤原安紀子――引用者注）にしても外山さん（外山功雄――引用者注）にしても、ここでいろいろ取り上げてきた詩人たちのものはほとんど、あの部分をそれぞれに引き受けて通ってきたものだという気がするんです。（307～308頁）

きわめて重要なことが、ここでは語られていると思う。今日の私たちの詩を成り立たせている起源、つまり現在あるような姿にその遺伝的形質をもたらしたDNAが、この七〇年代後半に詩の内部に生じたところの修辞的現在性に発祥しているという共通認識が、きわめて明確に述べられているからだ。

この本のタイトルにある「間伐」（独語でLichtung）という言葉はハイデガーからの援用で、通常はたて混みすぎた森林の樹木を適度な間隔で伐採する行為を指すのだが、ここでは「戦後現代詩」の全体領域がいわば森とみなされ、ここで交わされた対話そのものが、戦後以降の現代詩の「そのときどきの現在」を語る間伐のような作業だったと捉え返されている。そして、森の中に点々と開かれる新たな間伐地からの眺望が、詩の「そのときどきの現在」に臨在する「正しい意味での歴史性」（瀬尾）を露出させるのだとも述べられる。ということは、つまり、これら一連の対話が批評的に認識された詩史的展望の創出に加担する性格のものだということでもあるだろう。

この本で展開される議論の真骨頂は、ここにある。つまり、現在ある詩作品の価値を表白するのに、戦後以降の時間軸においてそれらがどのような表出史的来歴から実体化した記述形態であるのかを、最後まで視点をぶれさせることなく語り切っている点にある。ふたりの対話者は、時に七〇年代以降の詩の展開について語り、八〇年代のポスト・モダン的状況における自らの対処姿勢を語り、九〇年代の多様な詩的営為についてそれぞれの経験を遡るように語りながら、二〇〇〇年代の現在的詩状況についても、文字通りそれぞれの経験として持ち来たった史的展望、その螺旋状の階段を昇り降りすることによって、未来にむかう相互の批評意識をよりいっそう鮮明にしていく。『詩的間伐』がそうやって切り拓いたものは、個々具体的な詩作品がとき放つ折々の展望である以上に、むしろ私は〝詩史的情況論〟といったものの可能性なのではないかと強く思う。共時的な空間性としての平板なそれではなく、どこまでも螺旋状につらなる通時的な作品空間を、みずからの言語体験として掘り下げると同時に、そこから一八〇度反転して、おなじ回路を今度は現在にまで一気に上昇するという二重螺旋構造を持つ批評言説の新たなスタイルを、まぎれもなく本書は打ち立てたと思うからである。そうでなければ、吉本隆明『固有時との対話』（一九五二年）と岩成達也『(ひかり)、……擦過。』（二〇〇三年、書肆山田）との距離が「そんなに離れていない」と感じるといったような稲川の発言（「5　錯乱の詩法」）などは、単なる思いつきに過ぎなくなってしまうだろう。

この手の問題は、従っていつでも具体的な作品を起点にして論じられるのでなければ意味を持たない。今年、相次いで刊行された二冊の評論集に沿って、そのことを考えてみたい。吉田文憲『顕れる詩』と野村喜和夫『詩のガイアをもとめて』（ともに思潮社）において、双方に吉本隆明『固有時との対話』に言及する論考が収められている事実は、たしかに偶然ではあっても、何らかのメッセージを必ず発信していると思うからである。

吉田文憲は『顕れる詩』のなかの「ナイーブさの底に潜むもの」という一文で、吉本の『固有時との対話』にふれ、その「自我の孤絶したモノローグの場所」を物象レベルで見出したこの作品を、「紛れもなく吉本隆明における『Xへの手紙』」だったと書く。本書は八〇年代の後半から二〇〇〇年代の終わりに至る比較的長い期間に書かれた論考を収めたものであり、『固有時』へのこの言及は一九八六年時点でのものである。私は、ここに現れている吉田のこの作品に対する読みが、作品生成の原理の深層にまで降り立ってなされたとても妥当なものだったことを疑わない。一九三二年往時の小林秀雄『Xへの手紙』と一九五二年発表の『固有時との対話』のあいだに、このように脈絡をつけられること自体が、文学的素養の秩序だった蓄積を前提にしなければ、決してなしえない発想だからである。

吉田はきわめて無機的な印象の『固有時』の世界の底で、「還りゆく感覚」とそこだけ傍点の付されたたった一箇所の微細な表現をすくいあげることにより、吉本のいたってナイーブな感性の所在が実はそこに隠されていることを発見する。それを「吉本隆明における「自然」といってもいいし「人間の原基」、「エロスの発見する場所」といってもいい」(192頁)と吉田は述べるのだが、詩作品をこうした感性の深みにおいて捉える批評の成り立ちが保証した文学性というものの成立する、おそらく最後の時期がこの文章の書かれた一九八〇年代後半あたりまでだったのではないだろうか。文学作品の内部においても、あるいは過去の文学作品との関係においても、歴史的な内在的連関性がかろうじて保たれていた最後の時期が、丁度このあたりだったと言っていいのかもしれない。

一方、『詩のガイアをもとめて』所収の「荒野のアクション」において、野村ははっきりと「詩史は死んだ」と述べている。「むろん、言葉があるかぎり詩は産出されてやまず、衰退など関係ないのだが、おそらく、そうして生まれたり死んだりする詩をさまざまな場所(衰退という名のゲットーまで含めて)に位置づける時間的な交通整理、つまり詩史こそが、さきの世紀のちょうど八〇年代くらいで終わってしまったのだ」（190頁）と野村は言うのである。そして「詩史」が死んだ、つまりは歴史的に位階づけられてきた戦後の「現代詩」が死んで以後の寒々しくも賑やかな二〇〇一年の状況をさして、「荒野」とそれを表象したのである。例えば六〇年代の谷川雁による詩への死亡宣告、あるいは八〇年代における瀬尾育生の「詩は死んだ、詩作せよ」といった断言に現れたような詩の衰退を述べたこれまでの議論は、すべて詩のジャンル内でのことであった。しかし、二〇〇〇年代（ゼロ年代）を襲っている危機の次元は、じつは詩というジャンルの外側にあるのだとして、野村はこう書いている。

（…）いま紹介したような詩の危機をめぐる過去の言説と、今日同じ内容を語ることのあいだには、実は大きなへだたりがあるような気がしてならない。前者は、あくまでもジャンル内危機である。ジャンルを存立させるインフラまでは疑っていない。言い換えると、現代詩は衰弱した、死んだという場合、すくなくともそう宣告する者、あるいは言説の存在は疑われていない。たとえ数は少なかろうと、いやたとえ潜在的であろうと、詩を読みうる者の存在は疑われていない。ところが、いまやそういうインフラそれ自体が危機にさらされているのだ。端的にいえば、現代詩を支えてきた多少とも知的で感性豊かな若い読者層が、この地上から急速に消えつつあるのである。やがて、もう誰も現代詩は死んだとは言わなくなるだろう。

（「二〇〇一年荒野の旅」、177〜178頁）

このように書く野村が、かの『固有時との対話』について言及する時、これが半世紀以上前の作品でありながら「なんとなく未来からもたらされたような気がするのである」と書くのをみて、「ああ、なるほど」と私は思った。というのも、続けて野村は、時系列的には『固有時との対話』以降に書かれた吉本の『転位のための十篇』との比較印象において、詩史的にも内容的にも『固有時』から『転位』という順序で秩序づけられてきた二冊の詩集のこれまでの読まれ方に対し、むしろ『固有時』のほうが『転位』を「まえもって否定的にふまえ、逆にそれをこそ乗り越えようとしているかのような、そんな錯誤に一瞬おそわれるのである」（120頁）と書いていたからである。私は野村のこうした観点を、必ずしも否定的な意味での「錯誤」とは思わない。先の稲川の発言にもあったように、二〇〇〇年代は、世代差や経験差といったものが少なくとも詩作品の評価仕分けの部分では意味をなさなくなった時代であり、それはまさに「詩史は死んだ」時代のみごとな符牒でもあるわけだが、逆にまったく別な視点からの作品評価の軸が、根底的に模索されるべき絶対条件を準備する、そのような時代とも受け取れるからである。

未到来のコトバ

震災以後の言語地図

震災以後の言葉は、「何を語るべきか」でも「どのように語るべきか」でもなく、「それが本当に震災後の言葉であるかどうか」との評価軸をもってしか推し量ることができない。すでにそれは存在しているのかもしれないし、あるいはまだその萌芽さえ兆していないのかも知れない。ここでいう震災以後の言葉とは、3・11の震災後に発せられた言葉という意味ではないし、震災後の世界を分節する何らかのリテラシーの機能を指すのでもない。

「震災」とは、そもそも自然的な事象ではなく、存在的な出来事であった。存在的であるという意味は、それが剝き出しの生々しさそのものである体験、言葉による分節を超越したところへ暴力的に撃ち込まれる体験、つまり包括的に言語化しようのない超絶した体験だったことを言う。しかも、その発生の規模と影響の深度が普遍的といっても良いレベルで立ち起こったものだった。

震災以後の言葉もまた、したがって存在的な言葉であるだろう。存在的な言葉を見出し、それに呼応するものとは、やはり存在をおいて他にはない。存在において被災し、存在において損傷し、また存在において壊滅したものを、もっともよく語りうるのが存在的な言葉であるとして、それが人間の日常言語である保証はどこにもない。そういう場所にいま私は、そして私たちは立ち尽くしている。偽らざるそれが実感であるし、偽らざるそれが現実である。存在的な言葉は存在によってしか語られないから、「それが本当に震災以後の言葉であるかどうか」を斟酌する尺度などは、じつは存在していない。「見たものは／見たといえ」（石原吉郎「事実」）——私たちは、依然としてこうした地点から次の一歩を踏み出さざるを得ない〝存在的〟な境遇に置かれている。

私に震災以後の真にパブリックな言葉として最初に訪れたのは、自分にとっても極めて意外な人物の次のような言葉だった。

この度の東北地方太平洋沖地震は、マグニチュード9・0という例を見ない規模の巨大地震であり、被災地の悲惨な状況に深く心を痛めています。地震や津波による死者の数は日を追って増加し、犠牲者が何人になるのかも分かりません。一人でも多くの人の無事が確認されることを願っています……

二〇一一年三月十六日に発表された、これは天皇ご自身によるビデオメッセージの冒頭の部分である。私はこのメッセージを発表当日にではなく、しばらく時間が経過したあとに聞いた。しかし、受け取った印象は鮮烈なものだった。理由をうまく表現できないが、直感的な言い方をすれば、それはひとりの個人が発した孤立した言葉ではなかった。天皇の象徴的な存在性そのもの、その幻想の身体性そのものが語っている存在的な言葉だということに、一片の疑いもなかったからである。「被災者のこれからの苦難の日々を、私たち皆が、さまざまな形で少しでも多く分かち合っていくことが大切であろうと思います」

——天皇のこれらの言葉は、震災によって私たちにもたらされた巨大な喪失感に、直に訴えかける響きを確かに持っていた。同じ内容を他の誰かがそのまま語ったとしても、言葉がここまでのナラティブな磁場を作りだすことは絶対になかっただろう。震災によって損壊した私たちのナショナリティの深部に、唯一届きえた言葉がこのような共同の幻想性のうちに個性を滅却させた語り口だったことに、私は深い驚きを覚えたのである。

震災以後の言葉とは、真にそれが「震災以後」を最底辺で下支えする経験的基盤そのものであるような言葉でなければならぬ。その言葉は、個から発して個を貫き、しかして個を超えた共同性にまで、発語そのものの震源域を拡大するものでなければならぬ。「震源域」と私は書いたが、これは現実の地震の発生源たる震源域とメタフォリックに対応し、しかもその本質において互いに拮抗しあって、時間の経過とともに色褪せて霧散することもない。震災以後の言葉が、なぜそのような属性を担保しなければならないか。それは、一義的には震災による膨大な数の死者の存在に、言葉がそのようなものとして応答することが求められるからだ。私たちの集合的な無意識の強固な要請によるからだ。従ってそれは意識的にもたらされるものではない。個々人の意識を超えて、書き留められた言葉と言葉の隙間や行間に、誰にもそうと知られないような姿で、しかし確実に流れだす存在の時間を奇跡的に捕獲するものだからである。

その車（の残骸）は焼けて潰れ、泥の中に横倒しになっていた。ほとんど黒くなった白のセダンだ。破れたフロントグラスに三メートルくらいの鉄パイプが突き立ててある。その鉄パイプに日の丸がぶらさげてある。先端から五十センチくらい下げて「半旗」になっている。日の丸は泥と焼け焦げと粉塵と、ことによると血で、汚れている。ほとんど迷彩にちかく汚れた日の丸は風が弱いからはためくでもなくぶらさがっている。その日の丸が言う。私は汚れ、焼け爛れた日の丸である。私は潰れた車のフロントグラスに突き立てられた鉄パイプに結ばれて半旗になっている。私をここに立たせるために、この車の残骸はここに放置されている。私はかつてこれほど物質として日の丸であったことはない。

（瀬尾育生「暮鳥」より）

「日の丸」が語っている。自分は「物質」であると「日の丸」が語っている。「汚れ、焼け爛れた日の丸」は、すでに半旗である。「日の丸」がここで寓意するものの時空間の全体が、そのまま巨大な弔意を表象している。「私は」と語りだすのが「日の丸」であるとき、発話者のヒトからモノへのこうした転換には、寓意が表象する以上の本質が宿っている。存在の言葉とは、すでにしてヒトの言葉ではあり得ないからだ。震災後の言葉のひとつの明らかな輪郭が、図らずもここには露頭している。言葉が存在する。存在的な言葉とは、究極の存在性がそこにひとつの像となって、意味の不可知のうちにみずからを顕現させる。現実の巨大な喪失感を、ここでは詩の言葉がポエジーの内発性として表現のうちにみごとに回収した事態が出来している。

「もし、わたしたちが現在〈新体の詩〉を作りだそうとすれば、その詩は正体のわからない喪失と奈落を基礎的な感性とするほかないだろう」（「新体詩まで」、吉本隆明『詩学叙説』所収）——私たちの詩の基本属性が言葉の歴史的な経験の累層をこのようなものとして抱え込んできたことと、現在の詩が広く社会全体を覆う巨大な喪失感をまえに、みずからを存在的な言葉として立たしめる力学を内在化しえていることとは、決して無関係ではない。「言葉の流れによって、それとはまったく別の内在的な象徴の流れを作らなければならない。言葉の意味はその言葉に誘発されて、それとは異なった意味の影の流れを作らなければならない」(「詩学叙説・続」)——吉本が言うように、それは近代以降のわが国の詩表現の歴史が必然的に要請したものであったにせよ、それをはるかに凌駕する現実からの過酷な要請によって、詩表現の言葉の地層に意味のただならぬ変動を惹起せしめているのが、私たちが現在置かれている場所なのである。

灰色の雲の層に
まぎれそうな焼却炉の煙筒
あれは巨大なオベリスクだ
てっぺんの警告灯が絶えず点滅している
女は見あげるたびに祈る
〈私が一日ごと　海に近づき
没するまで
何事も起きませんように〉
何事も起きませんように

(井坂洋子「四月の戦場」より、『嵐の前』所収)

未来を先取りした時間が、この作品の基調をなしているさまが窺える。「何事」かは起きる。すぐそこまで来ている。起きる予感は確実にする。だから「何事も起きませんように」と祈らずにいられない。だがそれは、望みのない行為でしかないのだろうか。いずれにせよ「祈り」のこうした反転した構造が、この詩の最終部分を堅固に組みあげている内在律にほかならない。そしてこの詩は3・11の震災以前に書かれ発表された。にもかかわらず、ここに出現している言語表現の質は震災以後の言葉と呼ぶに相応しい。何故か？

　意味づけの逆流現象が、現実の震災という言語地層が大変動した事態によって、私たちのあいだに広く引き起こされたからである。私たちの詩の言葉は、「ポエジーを形成する内発性」（吉本）を犠牲にすることで「言葉の〈影〉（レプリカ）」（同）の産出を可能にし、象徴表現としての高度化を成し遂げてきた。つまり表現的な価値を手にする代わりに、必然的な結果として、詩の言葉は意味の中心を限りなく希薄化させた空虚さをみずからの属性とするしかない隘路へと踏み込んだ。今回のように、外部から世界の分節構造を根底的に変えてしまうような強力な現実諸力が襲うとき、詩の言葉はそれら外部からくる意味放射を遮断しきれず、いわば液状化現象を引き起こして、みずからの空虚さの内部を本来は異物であるそれら別な意味の流れによって浸入される結果になった。言葉が予言の構造をもつとは、およそこのような事態を指す。震災以前に書かれた言葉であるにもかかわらず、それが震災以後の言葉に再転化しうる要件はこうした理由から特に詩において顕著だったと考えられ、書き言葉における既視感（デジャブ）ともいえる同様な事態は、実はいたるところで生起したのではないかと想像する。表現として高度な作品ほど、それが起こる確率は一様に高かったはずだ。

　東西冷戦の一九七〇年代に、これに似たようなことが意図的に喧伝されたことがあった。十六世紀に予言者ノストラダムスによって書かれた四行詩が、人類の未来をことごとく言い当てているというものだ。特に一九九九年に人類は滅びるといった予言内容が、冷戦という状況下で人々の間にかなり真面目に受け止められていたことを思い出す。問題の四行詩は次のようなものだった。

一九九九年の七ヶ月
天から驚くほど強い恐ろしい王がやってきて
アンゴルモアの大王をよみがえらせ
その前後火星はほどよく統治するだろう

(「CENTURY X」72、『諸世紀』所収)

当時、ほとんどの人は天からやってくるこの「強い恐ろしい王」を大陸間弾道ミサイルや中距離核ミサイルの暗喩として感受していた。その根底には冷戦下という状況が強いる精神的ストレスがわが国にも蔓延していたことがあげられよう。空疎といえばこれほど空疎な四行詩が、あれほど多くの人々の不安を掻き立てていたとは驚愕すべき事実だが、一定の状況下では十分に起こりうる事態なのだ。現在の視点からすれば、この四行詩はそれとはまったく別の地球的危機を予言したものとも受け取れる。冷戦以後の全世界的な脅威は、世界戦争による壊滅的な破壊から地球温暖化による異常気象や海面上昇のほうに移っていった。全地球規模の二酸化炭素排出量を抑えるための「京都議定書」が締結されるのが一九九七年。天からやってくる「強い恐ろしい王」とは、現在では目に見えないこの温室効果ガスと捉えるほうがよっぽど理にかなっていると誰でもが思うに違いない。しかも、厳しい排出枠を嵌められた先進諸国を尻目に、途上国特権で二酸化炭素を大量に放出し続けた中国が目覚しい経済発展を遂げた姿は、まさに「アンゴルモア」(=中国)の大王を蘇らせるという予言内容にぴったりと適っている。
このように、空疎な予言の表記はいくらでも解釈変更が可能であり、そのこと自体には何ほどの意味もない。しかし、地球温暖化対策に名を借りてわが国では原子力発電がその後、二酸化炭素を排出しないクリーンなエネルギー源として再度注目を浴びるようになる。本当の恐怖はむしろこちら側に潜在したのだということを、予言の言葉が告げることはなかった。その悲劇性と悲惨さとをもっとも先鋭的に発信し続けたのは、やはり生きた者の存在が発する言葉だった。
和合亮一という詩人の存在に触れたい。被災直後の三月十六日から彼が居住地である福島を拠点にツイッターで発信し続けた「詩の礫」を、詩の周辺にいる人間でもはや知らぬ者はいないだろう。私がここで付言すべきことはほとんどないが、その言葉がどのように屹立しえたのかを、一言どうしても書き留めておきたくなった。

余震はなこの辺の犬が全部吠えるんだ!　いいか余震はなこの辺の犬が全部吠えるんだ!　いいかいいか余震はなこの辺の犬が全部吠えるんだ!　余震はなこの辺の犬が全部吠えるんだ!　余震はなこの辺の犬が全部吠えるんだ!　いいか余震はなこの辺の犬が全部吠えるんだ!　いいかいいか余震はなこの辺の犬が全部吠え

(「詩の礫　2011.3.16-4.9」より)

ツイッターとはもともとが受け手を特定しない特殊な発語のためのツールであり、個人の発語が不特定多数にツイートされたりリツイートされることで、その伝播性の次元を格段に昂進させる機能が備わっているソーシャル・メディアである。だが、和合亮一がここで発信し続けているのは個人の単なる〝つぶやき〟なのではなく、あくまで彼自身に固有の〝詩〟なのだ。私が彼の言葉の隅々からもっとも生々しく感じ取れるもの、それは言葉というよりも自ら被災した地震と原子力災害とに対して心底から怒り、底知れず絶望し、その悲しみを露わにし、しかし決してへこたれていない彼自身の拡大された存在性そのものである。そこにいるのは私が知っているあの〝和合君〟ではすでになく、自分を詩人存在すなわち原発事故による放射能被害によって完膚なきまでに蹂躙された土地＝福島の共同の幻想性にまで自己の表出意識を拡大させた、どこまでも怒れる修羅としての〝和合亮一〟なのだ。彼の言葉はここでは完全に彼の存在そのものとして振る舞い、その意味で、空疎ではないリアルな表現性をみごとに獲得している稀有な実証例だと思う。彼のこの異形の力業は、永く私たちの記憶に止められることになるだろう。

おなじ著者による『詩の邂逅』（朝日新聞出版）は、その意味で詩人・和合亮一がいわば「震災渦中」の言葉から「震災以後」の言葉のほうに向けてその一歩を踏み出した最初の仕事として、私には記憶された。この中に収録された彼の詩作品には、あの凶暴なまでの言葉の修羅はすでに影をひそめ、打って変わって、同じく福島で被災した人々との対話を通した人間同士の関係性が、みずからの詩的経験を補完するかのように想像のなかで空間化されているさまが読み取れる。自己の幻想性を拡大するベクトル方向から、共同の幻想性のほうへ自らの感性を開いていく方向への転換、本書において試みられているのは恐らくそういうことだが、同時にそこで詩の言葉が押し開いていく地平とは、「震災以後」を生きるため現実に共有化された経験世界でもありうることを、この詩人はきっと告げ知らせたいと思っているに違いない。

震災以後の言葉が、このようにさまざまな姿や表情を伴って力強く現れてきていることは、すでに間違いのない事実である。しかし、まだ決定的な言葉が到来していないという無限大の喪失感が依然として私にはある。第二次世界大戦がわが国の敗戦で終結をみたとき、私たち日本人の深層の経験レベルで、その荒廃した国土と膨大な数の死者たちがもたらした巨大な喪失感を穴埋めしたものが、ひとつには「日本国憲法」ことにその第九条・非戦条項の言葉であった事実はもっと思い起こされるべきだろう。かつて吉本隆明はそれを指して「戦争のモトが取れた」感じと表現したが、この〝モトが取れた感じ〟が、今回の震災以後において私にはまだまったく感じられないのだ。終りの見えない原子力災害、まだ具体的な輪郭さえ定かでない被災地の復興プラン等々さまざまな障害が頭を横切っていくが、かくいう私とて震災以後の言葉が最終的に完結していく遥かなビジョンが視えているわけではない。せめて、この国が自国の憲法や法律の条文に、原子力発電の永久的な放棄を謳う日がもしも来るなら、あるいはその時こそが震災以後の言葉が真にこの国で実質を形成しはじめる端緒となるのかもしれない。

死神の封葬

吉本隆明と「脱・原発」異論

わが国が歴史的な災害に見舞われた日のほぼ一年後に、吉本隆明の訃報を私たちは聞くことになった。震災以後のこの一年のあいだに私たちはそれぞれの位置で様々なことを思っただろうし、また各種メディアを通して相矛盾するいくつもの議論に晒されることにもなった。特に福島の原発事故がもたらした被害事象は、私をも含めた戦後生まれの世代が初めて経験する大規模な原子力災害だった。二〇一一年三月十一日以降、今日に至るまで私たちが否応なしに置かれることになったのは、それぞれの場所でこの現実をいかように受け止め、それに対してどういう姿勢をとるのかという意識的選択の問題だったと思う。少なくとも私にとっての「震災後」はそうした現実的な課題を突き付けるものとして立ちはだかったし、またこうした時代の側からの要請に対しそれを回避することは不可能であり、そこを潜り抜けない限り自身の生存権の輪郭を描くことさえできないという暗澹たる思いがあった。

すでに周知のように、吉本隆明が震災以後、亡くなるまでのあいだの期間に述べ続けてきたことは、原発の廃止を訴える者たちへの一貫した批判だった。私は吉本のこれら「反＝脱原発」の発言を、とても複雑な思いで眺めてきた。自分自身の暗く澱んだ日々の思いに、吉本の言葉の響きは一片の救いにもなり得なかったからである。たぶん正しいことを吉本は言っている、それぐらいは分かる、だがいま聴きたいのはもっと違う別の声なのだという思いのほうが、私の中では遥かに強かった。このどうしようもない齟齬感こそが、吉本が最後に私に残していった最大の置土産だった。私は吉本からもらったこの置土産を決して捨て去ることなく、しっかり受け取ることにする。そして、そこを起点にして、さらにその先へ行きたいと思う。いま吉本への追悼を行うとしたら、私にはこのやり方以外に思い浮かばないからだ。「反=脱原発」を言う吉本の論旨はきわめて明解であり、曖昧なところは微塵もない。およそそれは以下に引くような内容に集約できるところのものである。

「原発をやめる、という選択肢は考えられない[*1]」

「発達してしまった科学を、後戻りさせるという選択はあり得ない。それは人類をやめろ、というのと同じです[*1]」

「いま、原子力発電所のひどい事故で、もう核エネルギーはダメだと言う人がいます。やめてしまえば安全だ。人災も起こらない、と。しかし、この文明社会の中でそんなことを大っぴらに民衆に対して言うのは、最も愚かなことだと思います[*2]」

「技術や頭脳は高度になることはあっても、元に戻ったり、退歩することはあり得ない。原発をやめてしまえば新たな核技術もその成果も何もなくなってしまう。今のところ、事故を防ぐ技術を発達させるしかないと思います[*3]」

「我々が今すべきは、原発を止めてしまうことではなく、完璧に近いほどの放射線に対する防御策を改めて講じることです。新型の原子炉を開発する資金と同じくらいの金をかけて、放射線を防ぐ技術を開発するしかない[*4]」

これらの吉本発言を何の前提もなしに額面どおり受け取るならば、そこから浮かび上がってくるのは夜郎自大な近代主義者としての相貌以外ではないだろうし、また、その発言内容に、戦後、自民党政権下で推進された原子力政策がイデオロギーとして主張した建前との明確な違いを読み取ることさえ、難しいのではないかと思う。事実、私たちは次のような吉本批判があることを目の当たりにしているのだ。

「あれから〔丸山眞男が死去してから──引用者注〕十余年、空前の原発事故を目撃しても、科学によって科学の限界を超えられると嘯《うそぶ》いた吉本に、かつての教祖の面影はどこにもなかった。ヒロシマでの被爆体験をもち、被爆者手帳の交付を拒み続けた丸山が生きていたならば、断腸の思いで原発の廃止を訴えたはずだ。どちらが、無限の進歩と科学万能を信じて疑わない「近代主義者」なのか、瞭然ではないか。この意味でも教祖〔吉本のこと──引用者注〕の思想的な命脈は尽きていたのである[*5]」

吉本を仮に「教祖」と呼ぶなら、姜尚中のこの批判はまったく当たっていない。むしろ最後の最後まで吉本は「教祖」であり続けたのだと思う。だが、そのことは後述するとして、私がむしろ知りたいのは、震災後のこの時期に、吉本の「反=脱原発」の発言がこのように流布されて読まれることの本質的な意味なのである。果たしてそれは、姜の言うような「近代主義者」としての吉本批判の射程内に手もなく収まりきってしまう程度のものなのだろうか。

「反原発」の理念を反動的だとして吉本が最初に攻撃を行ったのは、一九八二年にいわゆる「反核運動」が世界的な盛り上がりをみせた時期に展開された一連の批判においてだった[*6]。マルクスを援用しながら、そこで吉本は次のように書いている。

「――マルクスが資本制生産の解明が「社会」の「科学」であると信じ、序文で宣明しているのは「科学」が政治や党派にたいしてニュートラルだといいたかったのではない。「科学」が本質的には自然の解明であり「社会」にも自然史の延長として解明して大過ない「本質」的な性格を示す部分があり、その範疇でだけ、「社会」の経済学的分析をじぶんがやっていると信じたのだ。もちろん「核」エネルギイの解放もまったくおなじことだ。その「本質」は自然の解明が、分子・原子（エネルギイ源についていえば石油・石炭）次元から一次元ちがったところへ進展したことを意味する。この「本質」は政治や倫理の党派とも、体制・反体制とも無関係な自然の「本質」に属している。この「本質」を政治や倫理と混同すれば、黒古一夫や山本啓のように暗黒主義や原始主義の陥穽にかかってしまう」[*7]

いま改めて読み返してみると、当時、吉本がもっとも激しく批判した思想的〝迷妄〟とは、科学的な根拠を偽装した政治的倫理主義といった一連のイデオロギー形態にあったことが明瞭である。人類が核エネルギーを手にしたことは、物質の起源の解明へ一歩を踏み出した以外のことではなく、それ自体は文明のある水準を言い当てる指標ではあっても、原子力そのものが終末論的な恐怖の対象でもなければ、ましてや核の技術が廃絶すべきパンドラの箱でもないのだという強固な認識が、ここには底流している。私はここに、吉本の「反=脱原発」の発想の原点があると考える。

しかし、震災と原発事故という未曾有のダブルパンチを受け、誰しもが既存の世界像や価値観に激しい動揺をきたしたであろうこの時期に、変わらず「正論」を吐き続ける吉本の存在には、私は少なからず違和感があった。その発言に「教祖」といって悪ければ原理的な思考者の言葉としての、一定以上の強度が宿っていたのは否定できない。誰もがブレない言葉、嘘のない言葉を求めている時に、吉本の言葉はたしかにその求められた役割を果たしていた。言い換えるなら、吉本の言葉は今回の原発事故で〝被災〟していなかったのである。「教祖」はここでも「教祖」であり続けたのだ。

原子力に関する議論において、福島第一原発の事故がすでに事実として起こってしまったことは、私には決定的に重要なファクターだと思われる。この事故が起こってしまったという動かしがたい現実、そこを起点にはじまる原子力災害以後の時代とは、それ以前の生活世界をおおった〈戦後〉後の時空間とはまったく異質な別の時空間なのではないか。そう私が感じるのは、自分の存在性の根底が恐らくこの事故によって取り返しようもなく〝被災〟してしまったからなのだ。そして私の目からみて、周囲には震災後、特にこの原発事故そのものに〝被災〟したと思われる人々が間違いなく増え続けているのである。このことは明らかに、言葉の世界においてもいくつもの特徴的な分岐をもたらしている。言うならば〝被災〟してしまった言葉とそうでない言葉の分岐、さらには〝被災〟した言葉の内部における複層的な分岐などだ。なかでも、吉本思想にこれまで深く影響されてきたと思われる論者たちに、こうした分岐は顕著な現れかたをしている。

加藤典洋は、「未来からの不意打ち[*8]」のなかでこう述べている。

「今回のこと（原発事故とそれに続く原子力災害――引用者注）は自分の生涯で一番大きな出来事だろうと思っています。つまりどんな人間も六〇年とか八〇年とかのなかでいろいろな出来事に出会い、そこから学び、どこかの一点で立ち止まって自分の仕事をしなくてはいけないと思うのだけれども、これまでは、僕にとっては、連合赤軍＝全共闘というものが、そうで、そこを出発点として、戦後のことを考えてきたつもりです。敗戦の問題、憲法の問題。でも、その延長上で、今回の出来事に遭遇した。未来への自分の責任として、今回の出来事に発する事柄を、考えていきたいと思っています」

　ここは、加藤にとって今回の〝被災〟がどのようなものだったか、その様がよく受け取れる箇所である。おなじ文章の最後で、加藤は「率直に理系の態度を含め、学ばないとダメだと思っています」とも述べているが、それは、文学批評のフィールドで戦後という時代を読み解いてきた加藤が、その歴史過程には原子力という科学技術の知見をもってしか臨むことができない領域があることを認め、これからの自分の仕事は、そうした領域をも含めて串刺しにしていくことを考えなければならないとの態度表明でもあった。ここで加藤は、いわば〝被災〟した言葉の内側から声を、すなわち明らかに〝被災〟した者として批評の言葉を発している。彼は「祈念と国策」の後半部においてはっきりと「私たちは、脱原発に進むのがよいと、思う」[*9]と断言している。原理的一貫性のうえに立つ吉本の「脱・原発」異論からの、これは文学の批評分野における最初の重要な分岐だと私には映ったのである。

　分岐ということで言えば、今次の災害を「存在災害」と呼び、言語論において独自の展開をみせている瀬尾育生の言葉は、震災をはさんで言葉そのものの存在基底をまったくの別次元にまで拡大させるに至った稀有な事例だ。瀬尾は、先の「脱・原発」異論の主張を生んだ吉本の思想的な原型をほぼ全的に受け容れたうえで、それを言語の孕む問題性にまで翻訳したのだと言っていい。そして、問題の核心部分を科学やイデオロギーの言葉でも、さらには文学や批評の言葉ですらない「純粋言語」という新しい言語的審級のなかへと、一気に解き放つ論理を展開している。「飢餓陣営」のインタビューに答えて、瀬尾は次のように述べている。

「牧畜をやっていた人たちがどういう被害を受けたかとか、置き去りにされた犬や猫をどうするのか、というようなこととは違うレベルで、動物が何を言っているのか、ということを聴きとることがだいじなんだと思います。そのことと、津波が何を言っているのか、地震が何を言っているのか、原発が何を言っているのかを聴き取ることはつながっている。人間の言語より、動物が何か言っていることの方がそれらに近いはずだから、そういうことについて、あまり人間の言語から発想しないほうがいいし、人間の言語に回収しないほうがいい。ベンヤミンは「自然はつねに嘆いている」といいますが、その嘆きの全体が震災につながってゆくような存在のエコノミーがどこかにあるように思うのです。それを考える言葉は、人間のコミュニケーションの言語ではない。存在言語というか、純粋言語というか、普遍言語というか、そういうものになるわけです[*10]」

瀬尾は、発話以前の存在レベルにおいて語り＝語られている「純粋言語」のイメージを、恐らくは吉本の言う「沈黙の有意味性」の概念にまで遡ったところで、摑み取ってきている。それが震災以後、とりわけ重要な意味を放ち始めるのは、大地震や大津波さらには原発事故といった一連の事象が、「天災」か「人災」か、といった人間を中心においた世界分節によっては到底語りようがない規模の超絶したレベルにあり、その深刻な〝被災〟のもとで言語そのものを回復していく方途が、私たちの日常言語の地平ではすでに成り立たなくなっているという危機認識が根底にあるからだ。〝被災〟した言葉の内部がこうしてさらに複層的に分岐していく果てに現れるのは、はたしてどのような世界なのか。恐らくそこは、私たちを拒絶する景色が広がるような、完全に見知らぬ異郷のような場所なのではないか。

原発事故によって広範に撒き散らされたいくつもの放射性物質は、少なくとも私たちの生命活動とは相容れないもの、最終的には死さえもたらす災厄いがいの何物でもなかった。現在の科学的技術水準では、この〝死神〟を無害なものに浄化する方法は存在しない。唯一できることは、この〝死神〟を極力頑丈な容器に封じ込め、地中深くか海底深くに永久に葬り去ることだけである。つまり、核施設内に潜む〝死神〟は、これを封葬するしか対処の術はないということだ。だが、この現在では常識となった知見も、一方で〝被災〟した側の者にとっては実践的には何ほどのインパクトにもなり得なかったであろう。なぜなら私たちを襲っているのは、その封印を破って出現した〝死神〟の本体とじかに接触しなくてはならぬ、かつてない究極の事態だからである。

吉本隆明の「脱・原発」異論は、一貫してひとつのことを私たちに教えている。今回の歴史的な原子力災害が起こってしまった以後においてさえ、核心的な課題は「原発の廃止」を訴えるような倒錯的な運動理念の中にはないこと、依然として問題の本質は原子力とともに生きながら、これを制御する技術の向上に賭けていくしか現実的な淘汰の道はあり得ないことを、である。

だが、私は同時にここで、突然に現れたこの凶暴な死神に〝被災〟してしまった多くの者たちの存在のことを思い浮かべる。彼らが被った災厄――それは放射能汚染や体内被曝、風評被害等々さまざまな言い方ができるだろう。だが、いったい私たちに共通する何が、そこでは一番深い存在レベルにまで〝被災〟したと考えられるのか。

偽らざる実感を言えば、私は自分のなかのある種の「共同幻想」が、今回の原発事故でもっとも激しく毀損したという思いをどうにも禁じ得ない。同時に、このどこにも救いを求めようがない被災感情の理念上の受け皿が、現状では何ひとつ手にできていないことの底知れぬ不安を払拭できないでいる。であるならば、少なくとも〝被災〟した者たちの側には、「原発の廃止」を心情的に訴える最低限の権利が宿るのではないか。とりわけ〝福島以後〟における希望への萌芽がそこにしか見出し得ないとき、それを奪ってまで貫かれる思考の原理性に、正当な根拠といったものが本当に存するのか――吉本の「脱・原発」異論の奥深いトンネルを通って、私も以後、こうした思想上の分岐に否応なく晒され続けることになるだろう。吉本隆明への、それが私なりの追悼のかたちになることを、今は心から祈念している。

＊1「8・15からの眼差し――震災5か月」(「日本経済新聞」二〇一一年八月五日)
＊2「87歳は考え続ける」(「BIG tomorrow」374号、二〇一一年八月)
＊3「巨大地震の衝撃　日本よ！　科学技術に退歩はない」(「毎日新聞」二〇一一年五月二十七日夕刊)
＊4「「反原発」で猿になる！」(「週刊新潮」二〇一二年一月五・十二日新年特大号)
＊5 姜尚中「大衆に寄り添うがゆえの変貌　丸山よりも「近代主義者」に」(「朝日新聞」二〇一二年三月二十七日夕刊)
＊6 これらの批判文は、吉本隆明『「反核」異論』(深夜叢書社、一九八二年十二月)に収録されている。
＊7「「反核」運動の思想批判　番外」(「週刊読書人」一四五三号、一九八二年十月)、後に『「反核」異論』へ収録。
＊8 河出書房新社編集部編『思想としての3・11』(二〇一一年六月)、後に加藤典洋『3・11――死に神に突き飛ばされる』(岩波書店、二〇一一年十一月)に収録。
＊9『3・11――死に神に突き飛ばされる』所収
＊10「吉本隆明の3・11言論と「超越」をめぐって」(インタビュアー佐藤幹夫、「飢餓陣営」37号、二〇一二年三月)、後に瀬尾育生『吉本隆明の言葉と「望みなきとき」のわたしたち』(言視舎、二〇一二年九月)に収録。

無防備な〈言葉〉が立ち上がる

震災の悪夢、いまだ覚めやらず

二〇一二年は、あの震災の悪夢がいまだ覚めやらぬ中、私たちの言葉もまたまったく無防備のまま立ち上がることを余儀なくされた最初の年として、永く記憶されるに違いない。奇しくもこれと同じ年に、詩人として批評家として、戦後思想をつねに先端で領導してきた吉本隆明が亡くなった。わが国の戦後文学の流路のなかに彼が呼び込んだ言語思想とも言うべき芸術言語の理論と実践とは、本人の死を契機にひとまずその円環を閉じたかに見える。だが、吉本個人の死によって、その言語をめぐる思索の数々は、むしろ私たちにとっては全体化の契機を与えられることになったのだと考えることもできよう。これらのシチュエイションを全て織り込んだうえで、二〇一二年は私たちの言葉が戦後はじめて、手探りの第一歩を自ら踏み出すしかない断崖にまで追い詰められた年だったように思う。ある意味でそれは、私たちの言葉のこれまでの在り様が、震災によって強制的にリセットされたかのような体験でもあった。今年の優れた批評的な成果が、どれも一様に震災後の言葉の在り方を、その根本に横たわる直接的な原理にまで遡って考察しようとする動機に裏打たれている事実は、なによりも雄弁にそのことを物語っているように私には思われた。

＊

大地震や大津波といった所謂〝自然災害〟が、もともとは人知のまったく及ばないところに生起する自然誌的事象であって、それらは物理的条件さえ揃えばいつでも人間の日々の営みとはまったく無関係に発現する不可抗な出来事であるから、それら全部を人間世界の外部領域に追いやって、その限界線から先は判断の放棄を決め込もうとする思想態度をもし取る者がいるとすれば、それは完全な間違いだ。災害の歴史、それはまぎれもなく〝人間の歴史〟以外のものではなく、記録に永く残るほどの大災害は、それが自然に（偶然的に）その日そのとき起きたのではなく、どこまでも私たち人間にとって誰にも避けがたい超越的な出来事として、つまりは〝歴史必然的に〟立ち起こってきたのである。ひとつの国のかたち、ひとつの時代ひとつの文化の体制までをも、その深層において瓦解させるほどの衝撃力を、大災害というものはしばしば持つに至る。二〇一一年三月十一日を起点にした大震災とそれに続く原子力災害は、私たちにとって果たしてどうであったか？

いまさら申すまでもないが、この震災は間違いなくわが国の歴史の底流にまったく無慈悲にも覆い隠しようのない無残な〈断層〉を走らせて去った。復旧や復興に向けて、多くの人々の類まれな努力と献身があったことを誰が否定しよう。しかし、にもかかわらず、それ以上に多くの、極めて多くの事柄がいまだまったく総括も解決もされないまま、ただ放置されるだけになっているという印象を私は持つ。「震災復興」という耳ざわりのよい政策的な響きとは裏腹に、この〈断層〉が私たちに開示してみせたうそ寒い深淵の体験は、いまだトータルな意味づけもシンボリックな名付けも行われず、それでいて既成世界の前提をもはや決定的に覆してしまっているのだ。私たちの世界は、3・11以前の時空間とはその親密さの強度において、もはや連続してはいない。少なくとも私にはこのように感覚されたし、わが身に刻み込まれたこの傷痕の生々しさを日々ひたすら再更新し続ける思考の沸騰こそが、震災後一年半というこのやりきれない期間を、自分もまた共に生きる意味そのものであるかのように感知されていた。その間、私たちを取り巻く〝言葉〟は果たしてどのようであったか？　私たちの〝言葉〟もまた被災を余儀なくされたのだと私は思う。そもそもの〝前提〟が覆ったのだと私は言ったが、言葉たちもまた私たちの存在同様に、このまったく新しい事態を前にして根底からの変貌を強いられることになったと感じるのは、ひとり私だけの被害妄想であろうか。

しかし、あながちそうとも思われないのは、震災後二年目の今年、最も尖鋭な批評的試みはどれも例外なく言葉がこれまで依拠してきた足場自体を洗いざらい放擲して、自らの発生母胎、強いていえば言葉ほんらいの〝指示性の根源〟にまでどんなにしても触れようとする抗いがたい動機によって、色濃く輪郭づけられてもいるからである。大澤真幸は『夢よりも深い覚醒へ――3・11後の哲学』（岩波新書）の「序」で次のように述べている。

3・11以降、夥しい量の言説が生み出されてきた。言説の量は、われわれの衝撃の大きさに比例している。あのときに何があったのか、事故の原因はどこにあるのか、復興のためにどのような対策をうつべきなのか、今後の電力政策はどうあるべきか……等々が語られてきた。無論、これらの言説の大半は、必要なことであり、また多くの正しい主張を含んでいただろう。だが、しかし、同時に次のような疑問も出てくる。これらの言説は――少なくともそのある部分に関して言えば――、あの夢、3・11という悪夢に匹敵する深さをもっていただろうか。われわれが受けたショックをすべて汲み尽くすにたる言説になっていただろうか。（7〜8頁、傍点引用者）

大澤がここで述べようとしている「ある部分」とは、一言でいうなら〝饒舌に語ることによって逆に隠蔽されるもの〟――すなわち私たちが「3・11という悪夢」によって受けた衝撃の核《コア》に隠れている体験の「真実」の部分のことを指している。ここでは震災が私たちにもたらした問題を、「現実」的な意味のレベルへと一義的に解釈することこそが真の課題からの「逃避」だと見なされる。確かに、地震対応の問題が従来のハザード・マップの抜本的な見直しを行政側に要請したり、津波対策の問題が防潮堤の高さや高台移転といった具体的施策の再検討を広く促したり、また原子力発電の問題が風評被害の補償やエネルギー供給の問題にすり替わったり……といった「現実」的な意味内容の言説は巷にあふれたが、それら個々の一面の正しさと必要性をすべて認めたうえで、なおそこにはまだ触れられていない体験の「真実」があるのだと大澤は言うのである。「われわれは、3・11という夢に内在し、その夢を突き抜けるような解釈を求めなくてはならない」（同前）という時、彼は思考のベクトルを〝眠り（＝悪夢・震災）〟から〝現実〟へとむかう正方向の覚醒に持っていくのではなく、〝眠り（＝悪夢・震災）〟からさらにその奥深くに内在する「夢そのものの暗示を超える覚醒」つまり逆方向の覚醒（＝夢よりも深い覚醒）に持っていかなくてはならないと主張しているのだ。

この主張をひとたび「言葉」の地平に置き直せば、震災体験の「真実」とは一義的な言葉では表現できない沈黙の領域を、他ならぬ言葉によって逆説的に浮かび上がらせるという、二重三重に捩れた言説構造にならざるを得ない。言い換えるなら、大澤は「3・11」とそれに続く原子力災害の投げかけた問題の核《コア》部分が、思想的である以上に、言葉の真正な意味での〝文学的（＝詩的）〟な本質でもあり、しかも後者の原発事故に至ってはもはや「神学的な意義」（152頁）さえあるのだと言っているのである。

同様に原発事故をも含めたこれら一連の震災体験を、「人間の言語」で語りうることの限界について瀬尾育生が『純粋言語論』（五柳書院）で述べていることは、これまでの私たちの言説の拠ってたつ根底が完全に突き崩された地点を周到に見定めたうえで、そこから言葉そのものの発生を肯う〝根源〟にまで言い及んでいる。そして、その〝根源〟とは「純粋言語」なのだと、瀬尾は言う。一体どういうことか？

かつて「戦争」という大きな災厄を経験した時、この国の思想（戦後思想）は半ば必然的に「告発の文体」を採用して書かれることになった。鮎川信夫しかり、吉本隆明しかり。その理由は「戦争」そのものが完全に人為的な行為だったので、その責任（戦争責任）を問うという思想的スタンスが、まだそこでは成立できる余地があったからだ。しかし、「震災」という事象はそれとは根本的に異なっている。それは「人間には」（発生後の原子力災害も含めて）もとから対処のしようがない「自然災害」に起因しているからだ。だから、私たちの戦後思想を輪郭づけてきた言説の定型、つまり「告発の文体」では、もはや震災後の世界を語るのは困難なのだと瀬尾は言うのである。そして、震災がもたらした体験の本質部分を「存在災害」という新たな審級によって規定し直している。

（…）この災害には、本質的に告発の文体によっては核心に届かないような、なにか別の「質」があるのです。自然災害・技術災害・政治災害というふうに区別できないような、全体としての「存在災害」という本質がある。そこには私たちの「主体」も全部入ってしまっている。その部分で、日本・戦後の告発の文体が、ある決定的な限界につきあたっていると感じます。

（「純粋言語論」、45〜46頁）

注目すべきなのは、瀬尾育生において「震災」は、戦後（思想）的言説の定型の息の根を完全に止めると同時に、私たちの言葉の拠って立つ深層の機制を、まったく新たに再定義しうる契機としてもそれが捉えられている点である。そのことについて、彼はどう言っているのか？

（…）存在の全体がそこで口を開き、語り出している。事物や生物や無生物が一挙に語り出して「人間の言語」はこのことをうまく分節できない。それはまさに「純粋言語の問題」だった、と言いたいわけです。普段は人間が自然の状態をコントロールしていると思っているから、「純粋言語」は「人間の言語」に翻訳され取り込まれている。ところがそれが制御できなくなって、「純粋言語」が直接語り出すということが起こった。それが地震であり、津波であった。

（同、17頁）

この「純粋言語」の着想を、瀬尾は直接にはハイデガーの言語論とベンヤミンの翻訳論から得ているが、さらに起源をたどればそれはユダヤ教的な〝神の創造言語〟にまで遡れるほどに懐の深い概念なのだ。やはりこれも瀬尾のインタビュー集である『吉本隆明の言葉と「望みなきとき」のわたしたち』において、彼はこの「純粋言語」を、人間のコミュニケーションの言葉ではないという意味での「普遍言語」と言い換えることで、吉本隆明『母型論』の世界への理念的展開を図り、さらに「沈黙の有意味性」（吉本）へとその概念を二重化させることで、言葉にまつわるこの問題を、「詩」における超越性（宗教性ではない）と言葉が「自立」するための根本契機の問題にまで拡大させるのである。

吉本が、震災発生から亡くなるまでのほぼ一年間、「脱原発」運動の理念を厳しく批判し続けたことは、私たちの記憶に新しい。瀬尾はその根底に吉本自身の「沈黙の有意味性」すなわち〝言語以前の言語（絶対言語）〟の基盤があったのだと述べるのだが、本インタビューにおいては、それが戦中期から戦後期をへて現在にまで連綿する様々な社会運動理念が帯びる「宗教性」、つまりその偽物の倫理的規範を突き崩す根拠ともされている点が、特に注目されよう。

> 吉本さんが一貫して言ってきたのは、まさに戦時期の国家宗教の末裔にほかならないようなそういう運動感覚こそ、われわれがいま克服すべき「宗教」にほかならない、ということです。そういうものに対して闘おうとしたら、人間が一人で考えて、一人で署名して世に公開するという形の言論をもってするしかない。一人の人間が思考し、一人で署名して公開する言論が内包している超越性のレベルが、共同的な感性の上になりたつ宗教性の超越性のレベルを単独で超える、ということが実現すれば、戦争期の国家宗教から現在の反権力アクティブにいたるまでの、すべての宗教性は克服されるはずだ、と言っているわけです。
>
> （95頁、傍点引用者）

本インタビュー集は全部で四章から成り、引用の「第一章」のみが震災後の二〇一一年十一月二十日に収録されたもので、他の章はそれ以前に収録したものを順番を逆に編集しているのだが、実は二〇〇三年五月収録の第三章部分にはすでにこのことと関連し、瀬尾は「詩」の言葉が一個の〝言論〟として「自立」するための条件を、「詩の「直接話法」」という言い方で拾い上げている。どこまでも「虚構」（＝文学）でしかない「詩」が、それでも独立の言説として在るためにはそこに「直接話法」というレベルが確保されなければならぬと言い、また「詩」が「直接話法」に出会えるのは「言論という場に投げ出されることによってだと思う」（162頁）と言うことの根底には、すでに現今の「純粋言語論」へと繋がるモチーフが先取りされている姿が垣間見える。現在、その文学表現としての言葉の根拠を激しく問われている私たちの「詩」に、瀬尾育生のこの二冊の仕事はひとつの明確なヴィジョンを一貫して提示し得ていると言えるだろう。

ノンフィクション作家の佐野眞一と詩人の和合亮一の対談集『言葉に何ができるのか――3・11を越えて』（徳間書店）も、同様の意味で震災後の「言葉」に対するさまざまな示唆を含んだ内容になっている。和合は震災当初、ツイッターで自らの「詩」を発信し続けた行為で広く知られた経緯があるが、いわば彼のノンフィクション的な当時の表出行為の意味が、本書では自身の口から詳細かつ反省的に語られる。特にノンフィクションという表現形式でずっと書き続けている佐野との対談で、私が興味深かったのはジャンルやスタイルの差異を超えて本質するところの、言語表出の基底に関する相互の認識の部分だった。「詩」と「ノンフィクション」との通底性について、両者はこのように述べ合っている。

和合　逆に言えば、ノンフィクションもまた詩なのではないでしょうか。たとえば『津波と原発』にあ

る、

〈誤解を恐れずに言えば、大津波は人の気持ちを高揚させ、饒舌にさせる。これに対して、放射能は人の気持ちを萎えさせ、無口にさせる。それが、福島の被災者が三陸の被災者のような物語を持てない理由のようにも思われた。〉

あるいは、

〈原発のうすら寒い風景の向こうには、私たちの恐るべき知的怠慢が広がっている。〉

これはまさしく詩の一節です。ノンフィクションの言葉でありながら詩的な表現が鋭く突き刺さってくる。極論かもしれませんが、優れたノンフィクションは、かならず詩を、ポエジーを感じさせる。佐野さん的に言えば、小文字の言葉が詰まっていてこそ詩でありノンフィクションであり、あるいは文学である。だからこそ読者の心に響くのではないでしょうか。

佐野 ノンフィクションであれ詩であれ、問われるのは、言葉の真の意味での本質を捉えているかどうかということです。言葉にも植物などと同じように芯がある。言葉の芯、それから事実にも芯がある。この二つを追っていくと、必ず僕はつながっていくんだと思います。

（「メディアに流布する言葉」、177～178頁）

「詩」と「ノンフィクション」という異なる文芸ジャンルが、そこに「震災」という超越項を介在させることによって、等しく言葉の「本質」の部分でつながっているのではないか、という基本認識がここでは共有されている。このような観点は、少なくとも「3・11」以前の言説空間においては成立しようもないものであった。注意深く読めば明らかなことだが、ここで和合が佐野の「ノンフィクション」作品の文章を指して「詩」だと断言している理由は、その文体やレトリックが〝詩的〟に映るからそう言っているのでは決してない。あくまでも両者のあいだで摑み取られている核心の共通認識とは、「詩」であれ「ノンフィクション」であれ、言葉のたしかな基底（＝「芯」）を織り成すリテラシーの層位は言葉以前の存在体験にこそ根ざしている、という了解にこそあるのだ。

人と人との存在レベルにおける繫がりが生みだすものは、まさに際限がない。殊にそれが人間関係に基盤を置きながら、言葉を介したクリティカルな緊張をも同時に孕むものであるとき、常人には想像もできない濃密な批評世界がそこに開示されることがある。四元康祐『谷川俊太郎学――言葉vs沈黙』（思潮社）は、谷川俊太郎という詩人存在――そこには詩作品はもとより、その生い立ちや生活史におけるドキュメント等も含まれる――に対し、著者である四元が、こういってよければ極めてエロス的といってもいいくらい稠密な共振関係を創り出した稀有な詩人論であると言っていいだろう。

そうやって言葉で紡がれてきた谷川俊太郎の詩の世界に、さらに言葉を重ねることにどんな意味があるのだろうか。いや、たぶん意味なんかない。ただ欲望があるだけだ。少年の日から今に至るまで一貫して自分を惹きつけてやまぬ彼の詩の、あの味わいはいったいどんな材料をどう調合して作り出されたものなのか。かくも膨大な作品を生み続ける多産さの秘密はどこにあるのか。〈谷川俊太郎〉という宇宙の、現場と原理を捉えてみたい。そうすることで、私もまたひとつの精神に与ることができるかもしれない。

（「〈谷川宇宙〉を概観する」、16頁）

ここにも強く滲み出ているように、本書を通じて通奏低音のようにもっとも伝わってくるのは、「私は谷川俊太郎を読むことで自分の詩を書いてきた」（あとがき）とまで言い切る四元の、そうした強靭な「欲望」の所在である。そしてその筆鋒は、さまざまな分析概念を駆使する論理的な記述においても、決して無機的な腑分け作業のほうへと逸れていくことはない。

〈言語的私と母的私〉、〈言語本位と詩人本位〉、〈言語と身体〉……、これらの二項対立をさらに遡れば、谷川が「僕のなかの一種のポエジーの誕生」として挙げているふたつの感覚体験に辿り着く。

ひとつは小学一・二年のとき、庭のニセアカシアの木の向こうから太陽が昇ってくるのを見ながら「それまでまったく経験したことのない、一種の感情……悲しみとか喜びとか、不安とか怒りとかっていう心理的な感情とは、まったく違う感情」を味わったことだ。その感覚を彼は「日常生活で感じている世界の奥行よりももう一歩踏みこんだ奥行を予感する」と言い、宮沢賢治の「風の又三郎」や、萩原朔太郎の「のすたるぢや」と関連させているが、これは言語以前の絶対的根源性に対する〈身体的郷愁〉とも呼べるだろう。

（「四人の〈谷川俊太郎〉」、35頁）

言語以前の〈身体的郷愁〉——こうした本質的表現が手にされるまでに、四元自身の〈谷川俊太郎〉に向き合い続けた長い時間の累積があったであろうことを、私は疑わない。同時に、詩表現のもっとも根底に沈んでいる原点としての経験にまで降り立ち、批評文としての美質を損なうことなく、さらには概念の生命をもこうやって保ち続けるには、言葉における生理以上に、生身の人間どうしによる共感のコミットメントがそこには間違いなく架橋されてあったのだと思う。血のかよった詩人論に、久方ぶりに逢着した気がした。

人間的な繋がりはまた、想像もしなかったような新たな出会いをも準備し、時として隠れた歴史の奥行をも発見させてくれることがある。石関善治郎『吉本隆明の帰郷』（思潮社）は、著者自身が吉本の家族の出身地である天草にまで実際に赴き、当地に残るかつての知己や親類縁者を訪問しては現地調査（フィールドワーク）を行い、吉本出生以前の〝吉本の原風景〟ともいうべき光景をはじめて私たちにはっきりと見せてくれた。吉本自身さえ知らなかった〝吉本〟の姿がここにはあると言ってもいい。なかでも私が殊更に関心を惹かれたのは、東京工業大学電気化学科に在籍中だった吉本が、富山県魚津市の「日本カーバイド工業」へ「徴用」で呼ばれたことの理由にかんする新情報の部分だった。

さて、隆明を魚津の地に運んだ発明が、実は、この委嘱研究の一つにあった。「過酸化鉛電極及び其の應用研究」。過酸化鉛を白金に代えて電極に使う──主任教授の加藤與五郎博士から研究を引き継いだ杉野教授（杉野喜一郎、吉本の指導教官──引用者注）は、この手法を過酸化水素の製造に応用。濃縮過酸化水素の製造を容易にするプロジェクトに取り組み始めた。

では、大戦末期のこのとき、なぜ、過酸化水素が必要とされたのか。ここで、発明は軍事作戦に結びつく。有人ロケット戦闘機「秋水」。アメリカの爆撃機B29を迎撃すべく開発中の航空機には、燃料として過酸化水素が必要とされた。

（「魚津――敗戦の原点へ」、111～112頁）

青年・吉本隆明が八月十五日の敗戦を迎えるのは、この魚津においてであった。また、同年（一九四五年）三月十日の東京大空襲の惨状を、吉本は東京で目の当たりにしていた。これまで吉本と魚津をつなぐ線は、友人に宛てた「拝啓　いよいよ魚津へ出かけます。……」で始まるあの有名な手紙の文面で知るのみだったが、そこでの実際的な作業がこうした生々しい軍需生産だったことは、吉本のその後の歩みを思うと実に感慨深いものがある。こうした地道な作業を支え続けたものが石関の吉本に対する存在レベルの共感にこそあったと考えられる以上、ここでも人と人との繋がりが生みだす創造性は際限がないと思うのである。

また、細見和之『ディアスポラを生きる詩人 金時鐘』（岩波書店）は、その第五章に「吉本隆明と金時鐘――来たるべき戦後の到来のために」の一章を持つ。本書は、わが国の戦後詩史の文脈では、これまでほとんど触れられることのなかったもうひとりの〝戦後詩人〟金時鐘を、吉本隆明と同列に対照させながら論じることで、わが国の戦後観の大胆な転換を図った試みとして注目に値する。

本来日本の「戦後」とは、吉本らが抱えていたであろう世代的な一種の内的な植民地体験と金時鐘ら朝鮮人の文字どおりの植民地体験、この二つの植民地体験がどのようにしてか出会うことによってこそ、出発すべきものだったのではなかったか。

（「吉本隆明と金時鐘」、188頁）

「内的な植民地体験」とは、吉本たちの世代を捉えていた聖戦イデオロギー一色に染められた思想世界を指している。そして、敗戦を境にそれが一挙に百八十度覆されるわけだが、同様の体験はその位相をまったく反転させて金時鐘にも訪れたことを細見は見逃さない。「金時鐘はほんとうは、日本語をまるごと喩として投射しようとしているのではあるまいか」（198頁）――この一行には、正直恐ろしい響きがあると私には映る。吉本の『戦後詩史論』への違和を表明しつつ、私たちに未だ出会われていないもうひとつの〝戦後詩史〟、その所在を明確に言い当てたことで、細見の投げかけたテーマはここで一挙に重みを増したように私には思われてならない。

だが、こうした原点回帰の思考に向かうスタートラインを見定めようとする時、何故私たちはあの震災の未曾有の体験を経由するのとまさに同質の経験を、今また反復しているような気がするのか？　それは、震災の体験を経ることによって、何より私たちの存在そのものが、いわば余計な衣服を全部はぎ取られて、自らの〝存在〟そのものを露わにされてしまったからではないか。その姿は、私には極めて無防備で弱々しいもの、しかもそれ以上進撃も撤退もできない、最終地点に立つ者の何処にもよるべのない不安な影として映じるのである。

だが、私たちはこの不安な影像にかつて出会ったことが本当になかっただろうか。簗山登美夫『詩的クロノス』（書肆山田）から、次の一文を引く。

彼の云ふやうに、「知識人―大衆」にかぎらず、私たちの体験の現在は、あらゆる古典的二分法――精神と身体、内面と外界にはじまつて、中央と地方、先進諸国と後進諸国にをはる二分法の崩壊を感受してゐる。

その感受性に率直であらうとすれば、私たちの思考は、それが無意識に拠つてゐる諸前提をうたがひつくすといふやうに、根源にむかつて解体せざるをえない。それは私たちをとりまく思考の諸傾向の非現実性をあばき、否定すると同時に、私たちが不動のものと感知しがちな「現実」が、じつは私たちの「現実」についての「意識」の反映にすぎぬことを瞭かにするだらう。それは「現実」を、何が生起するかわからぬ、すべてがこれから書かれようとする「白紙」の現実にもどす。そこにおいて思考はたえず危機としてあらはれることをしひられる。現実的に「一切の根拠」を奪はれてあることは、そこでは正でも負でもない自明の前提にすぎぬ。

（「立中潤　一九七四年秋の危機」、118頁）


「彼」と引用文中にあるのは、一九七五年に二十三歳の若さで自死した詩人、立中潤のことだ。私はながいこと、この夭折の〝戦後詩人〟のことがずっと気になっていたものの、ついぞこれまでその存在と正面から向き合う機会を持てないできた。それが今回、築山のこの評論集に収録された一連の立中潤論に触れて、彼が生きたその末期の光景といったものをまざまざと見る思いがしたのである。築山がそこで死者・立中潤の眼をとおして描き出すところの現実認識の眺望は、その細部においてではなくむしろ理念において、私たちが現在置かれているトポスに何と近似していることか。「一切の根拠」を奪われているという存在的な危機が、そこで立中に見せていた「現実」とは、自らの死の予兆を孕んだ視線に満たされることで、その虚無的な寒々しい姿を露呈させていたのだとするなら、彼が〝個的な死〟の代償に見据えていた七〇年代半ばの時代空間の裂目は、明らかに「3・11」後に訪れた巨大な社会空間の亀裂にまで、経験の位相においてはるかに回帰していく〝断続性〟を紡いでいたのだとは言えないだろうか。

ひとりの〈死〉と数多くの〈死〉――いわば世界そのものが負う負荷とも言うべきその重さを数値で推し量ることは無論できない。「3・11」後の世界が私たちの言葉にとっても決定的な負荷を課し続けているのは、震災と原子力災害による現在および来たるべき未来の膨大な数の死者たちとの和解が、まだどこにも成立の兆しさえ見えていないからなのだ。季村敏夫『災厄と身体――破局と破局のあいだから』（書肆山田）――阪神淡路大震災と東日本大震災、このふたつの「破局」をとおして「今、私たちは何をおもうべきなのか」と問う本書は、その意味で私にとっては忘れられない一冊になった。

死者を抱く生者には、はかりがたい沈黙がひそんでいる。沈黙のふるえとして人は在る。あらわれとしての言葉は、あくまで部分に過ぎない。伝える、伝わらないという問題を考えるとき、このことを忘れるべきではない。

ひっそりと生き残る蔭に死者がある。死者と生者のほとり。そこにも深い沈黙が拡がる。いまだに償われぬ死者をおもい、いわば死臭をまとい、耳を澄ます。生者だけの復興を語るべきでない。死者を置いてけぼりにすることなく、喪のおもいを培いつつ進むべきである。選挙を前に右往左往する為政者など論外である。

（「置いてけぼりや」、89頁）

ここで言及されているのが一九九五年・阪神淡路大震災の「死者」であっても、その言葉の切っ先はまさに私たちの〈現在〉そのものの底板をも突き破っているだろう。「沈黙のふるえとして人は在る」――

こうした表現が選び取られたことの裏からは、生者のみならず同時代の無辜の死者たちに向き合うことが行為のいかなる内在性を要求しているのか、それを季村が自己の身体性として熟知している有り様がつぶさに読み取れるのである。正直、私はこの一冊に心が救われるような思いを禁じ得なかった。他人でありながら、それでいて身近な者としての「死者」に向き合うとは、こういうことなのだ。死んでいった者たちとの和解が、そうたやすく手に入るとは思わない。だが、言葉の表現レベルにおいて、著者が試みているのはまさにそういうことなのである。すでにして、そこに収録された季村の散文作品の多くは、言葉本来の意味での「詩」の一節に他ならない表現の〝質〟を獲得するに至っている。それは、たまたまそうなったのでは決してない。作者がいわばふたつの「破局」後の抜き差しならぬ現実のなかで、一旦は無防備に曝されつつも、そこから自らの固有の表現を爾後の結晶のように拾い上げてきたことの、それは証しであり顕われなのである。

　ところで現在のわが国において、かような大災害発生の事態は、それ自体が〝憲法違反〟に当たるのだと藤井貞和は言う。「こんかいの大震災という人類への挑戦が、まったき憲法違反であることを見る必要がある。地震が憲法を遵守《じゅんしゅ》しなければならない義務はあるか。あるとも言え、ないとも言えるけれども、人類へ喚起するすべてを受け入れるか無視するかは、憲法問題となろう」（17頁）――驚くべき見解だが、新著『人類の詩』（思潮社）において、藤井は「震災」と「憲法」そして「詩」というこれら一見バラバラに映る問題の系を、論理の糸で執念く一本化させる異色の論を展開している。その意表を突く論理のスタイルに反して、掲げられている思想的なスタンスはきわめて真摯なものだ。

昭和八年三陸津波を見届けるようにして、賢治（＝宮沢賢治――引用者注）は亡くなる。その震災は明治憲法下で起きたことである。憲法の特徴は、改正（改憲）の動きがあると護憲運動を誘発することに一つある。つまり、未来志向のつよい性格が憲法にはある。憲法の新しい誕生は、違憲状態を同時に発生させるかもしれない。いや、「かもしれない」でなく、違憲状態の確認がそこにはある。

日本国憲法の第二十三条は「学問の自由」。歳月をかけて、それを実現してきたか、「いまだし」という状態か。第二十四条（家族内での個人の尊厳、両性の平等）は、昭和二十一年というときに、ほとんどそれまでの社会慣習をひっくり返す、国内全域を違憲状態へ置くことにほかならなかった。第二十五条（生存権、国の社会的使命）は憲法制定のぎりぎりで突っ込まれた条項と聞く。津浪、そして放射能災《ほうしゃのうさい》という事態を違憲状態とし、国家や自治体が「復興」に取り組まなければならない義務は、この条項によって決まる。

国や電力会社に対し、免責を認める法律じたい、もしそういう法律があるとしたら、それが違憲なのではなかろうか。原発の再稼働へと行政がうつつをぬかすとしたら、事態を見ない、憲法に刃向かう、これ以上ない違反であると、国民は告発しなければならない。

（「人類の詩　前書」、27〜28頁）

こうした箇所を読んで誰もがとっさに受ける印象は、恐らく戸惑いと疑問のない混じったものに違いない。引用した部分だけを読めば、〝憲法〟がなければ災害復興の義務もはなから生じないとか、逆に、国民の生存権を心底脅かすような被災状況が〝違憲状態〟だからこそ、本来の合憲状態を回復するという大義のために「復興」への取組が必要とされるのだとか、理屈としては一見整合するものの、私たちの現実感覚とは大きくかけ離れた考え方を披瀝しているだけのようにも映りかねない。例えば、私たちが原発再稼働を認めた政府の決定に怒り、それに反対表明する深層の動機とは、何もその決定が憲法に違反しているから云々ではなく、再稼働が新たな原発事故の誘因を作りだし、さらにまた自分たちの生存を直接に脅かしかねないという根強い不安にこそあるからである。藤井がここで最も主張したいのは、恐らくこれとはまったく別の次元のことだ。

私の考えでは、「憲法」は、ここではすでにして普遍宗教における〝聖典〟の位置にまで押し上げられているのだ。つまり「人類の詩」という総題《タイトル》のもとに藤井が最も告げたかったのは、一般的な法理などではなく、こう言ってよければ一種の宇宙的な摂理だったのではないだろうか。憲法といえども、もともとは人間の知恵が過去のさまざまな経験の渦中から練りあげた合意の産物であり、つまりは人間の共同的な規範思想を言語化した体系であって、大災害のような超法規的かつ超人間的な事態の襲来に際しては、それが有効に作用するそもそもの土俵自体が最初から違う。にもかかわらず、この両者が同一平面上で論じられなければならなかった必然とは、「憲法」そのものの審級が、宗教的なレベルにまで一気に超出せられている事態を考える以外にはないのだ。

「宮沢賢治を思い起こすとは、けっして特定の宗教でない、人類宗教とでもいうべきある種の革命を呼び起こすことでもあると言いたい」(29頁)――本書の「前書」を藤井はこのように締めくくる。自然災害や原子力災害、国家権力による戦争や死刑制度といった個を超えて襲いかかってくる実際的暴力に対し、人間存在は本質的に無防備である。確かに、さまざまな安全装置がこれまで営々と作られ続けてきたのは事実だが、やはり、私たちの存在が、もともとの姿において無防備であることに変わりはない。そして、私たちの言葉もまた……。

あの「悪夢」を通り抜けた世界のしんと静まり返った壊滅後の光景のなかに、私たちの言葉もまたこうして最初の足跡を何本か残して、無防備のままにようやくその危うい歩みを開始したのだと思う。

解釈変更できない言葉の無辺さを組織せよ

二〇一四年展望

解釈変更――この言葉が巧みに韜晦するいかがわしさと危険さとが、今年ほど醜悪なその実体を衆目のまえに、しかも国家の権力当事者によって、これだけ露骨に示されたことは未だかつてなかった。言い換えるなら、それはまともな合理性の根拠も示さずに、あるいはまともな理性的判断すら下さずに、歴史として血肉化した過去より積みあがったさまざまな基層的根拠や広く根付いた普遍的価値で成り立っている多様でなおかつ唯一の、われわれの生存を繋ぎとめる他と置き換えのきかないこの生活世界（Lebens-welt）――経験的実体たる〈現実〉――に対し、それら一切をひとかけらも分有しない恣意的な詭弁の形式論理によって権力的かつ擬制的かつ偽＝法規範的に、総体として一挙に網かけようとする前代未聞の詐術行為だと言ってよい。無論、私は集団的自衛権行使容認の閣議決定に至るこの国の陰謀集団《マフィア》のような為政者たちが取った一連の行動プロセスを念頭において、この文章を書いている。ついでに言うなら、私がいまここに挙げた内容は、これから私が述べようとしている今年の詩論的展望とは、もちろん直接には関係しないし、また事象としても同一平面上に並べられるものではないだろう。だが展望（View）とはどんなものであっても時代の側からの不可避的なバイアスをその身にまとうことによって、はじめて一個の展望として自立しうる。思考の滑走路は、自分を取り囲む日常性のみえない檻の中から、こうしてつねに未発の契機としてやってくるものだからだ。

二〇一四年十月二十五日、『北川透 現代詩論集成』（思潮社、以下『集成』と略記）刊行記念のシンポジウム「詩と批評に未来はあるか」が、日本出版クラブ会館を会場に版元の思潮社主催にて開催された。その第一部の討議（パネラー＝佐々木幹郎、瀬尾育生、守中高明、蜂飼耳）では、瀬尾が進行役を務めながら第一回配本「鮎川信夫と「荒地」の世界」をめぐって各登壇者による多様な視点からの報告と意見表明がなされた。手元には自分の粗雑なメモしか残っていないので記憶を頼りにするしかなく、正確ではないかもしれない。だがそれぞれ世代の異なる四人のパネラーの発言の中で、特に私が記憶に止めたものは次のようなものだった。

守中は震災的特需の言葉の量産体制を〝言葉の総動員体制〟と言い換えて、こうしたネオファシズム的状況に現代詩作者は対抗すべきであるとの文脈から、かつて鮎川詩論が体現したような文明批判的装置を現代詩は復元すべきではないかと表明した。また蜂飼は北川透の「鮎川信夫への最後の疑問」（初出「現代詩手帖」二〇〇一年十月号）に言及しながら、現代詩が「ナショナルアイデンティティーを土台にしていない」との当時の鮎川の紋切口調に対し、「（詩歌と）国家や国民の概念との結びつきを、（鮎川は）不問に付していたように思われる」として北川透が提示したその「最後の疑問」のなかに、現在の自分の関心の所在もまた継続してあることをコメントしていたと思う。また瀬尾は現在の通信手段をめぐるテクノロジーの進歩から、詩人といえどもそうしたコミュニケーションツール受容の圧力から自由ではあり得ず、その結果、自分も含めディスコミュニケーションができなくなっている現状を踏まえて、北川の『〈像〉の不安――仮構詩論序説』（一九七二年）が〝巨大なディスコミュニケーション〟の作品だったことを再確認していた。言葉がまったく通じないような強烈な壁をつくった本だとも。そして佐々木幹郎は、自身が『集成』の「月報」に記した「鮎川、吉本、大岡の世代より下で、時代の変遷や折り目と関わりなく、近代詩から現代詩までをつなげる詩の批評、特に戦後詩と戦後詩以降の詩のジャンルに固執し、詩論を継続してきたのはこの半世紀の間、一九三五年生まれの北川透だけなのである」との見解をベースに、その膨大なエネルギーは一体どこから来るのかと驚くと共に、大部なこの『集成』の性格づけにおいてデカンテーション（decantation）という聞きなれぬ言葉を以てしていた。デカンテーションとは「傾瀉法」と訳され、混濁した溶液中にある沈殿物を静置して底部に沈ませ、その上澄み液だけを流しだして分離する方法のことであり、『集成』においても収録論考が書かれた当時と現在とのあいだに横たわる〈時間〉こそが、それと同様の効果を生みだしているのではないかといった主旨のことを話されていたと思う。

ながながとシンポジウム当日の様子に言及したのは、『集成』をめぐって交わされたこれらの言説の総和がまさにひとつの現在的〝展望〟を準備しているように私の眼には映ったからである。なぜなら『集成』収録の北川透の詩論が、どれも過去のある時点で書かれた思想作品であるにもかかわらず、それらは紛れもなく表出の現在水準において見事に際会されているという感触を、少なくとも私は得たからだ。

例えば一九六五年発表の「詩論とは何か――詩人の戦争責任論があらわにしたもの」を一読しただけで、正直、私は新鮮な驚きを隠せなかった。四十九年前の文章にもかかわらず、その言葉の冴えは私が一等最初にこのテキストを読んだ時から寸毫も変わっていないどころか、その上に〈時間〉を重層させた一種の凄みさえ感じさせたからである。「詩論とは何か」との自問において北川は「詩の批判と、詩からの状況批判を、一つのより原理的で総体的な詩論への接近として、遂行する」ことだと結論づけている。この裏には「詩とは何かという問いに答えようとする詩論は、その根底にいやおうなしに思想論を内包せざるを得ない状況をふまえることによって、詩の考察にとどまらず、それ自体自立する」のだという根本思想が息づいていた。本論考の性格は、副題にもあるように詩人の戦争責任論をめぐる鮎川信夫と吉本隆明のスタンスの違いに立った鮎川批判であって、この部分に関しては確かに歴史性のもとに沈殿を果たした非現在的なテーマ領域であるとも言える。しかし私は、「詩の考察にとどまらず、それ自体自立する」ものとしての〝詩論〟の根本性格に関する北川のこの鮮やかな表明は、まさに現在においても依然有効な射程を保っていると今回改めて再確認できた気がしている。北川詩論の上澄み部分が今もってその命脈を保っている姿が間違いなくここには露頭しているからだ。

詩論を狭い意味での「詩の考察」に収束させるのではなく、「詩の批判」と「詩からの状況批判」を同時に遂行する自己生成の原理にイコールであるとの認識に立てば、「詩」はより拡大された〝文学〟であり、同時に「詩論」は〝文学〟を基底に据えるファンダメンタルな思想の言語宇宙を構成する強力なファクターであり得る。およそこうした原理的な読解を介在させることで、宗近真一郎『パリ、メランコリア』（思潮社）が、直接「詩」に言及していないにもかかわらずむしろ十二分に詩論的であることの偶有性も頷けるものになろう。文学と思想の切り結ぶ様を、当代を画した二人の思想家の業歴のうちにみごとに剔抉した部分で、彼は次のように述べる。

「文学」において隔たった柄谷行人と吉本隆明は、ともに「革命」の前線である全現実としての「下部構造」＝「交換」という場に、ふたたび、結集したといえようか。大地の揺らぎの後、被覆されてはならない革命的なるものの去就において、柄谷行人と吉本隆明は、交響的でも背反的でも交叉的でも、ましてや二人目の誰かということでもないかたちで、ともに可能的な「もうひとり」ではないだろうか。「もうひとり」をめぐる世界不安の中枢の無気味なものこそ「文学」と呼ばれはしないのか、と問う寸前、「もうひとり」によって終わりなき批評的意志が果たされうる「超越」の複数において。

（「超越的強度としての「もうひとり」」、94頁）

「大地の揺らぎ」とはいうまでもなく「3・11」の未曾有の惨禍のことを指すが、宗近がここで展開しているのは所謂「震災的特需の言葉」による思想の読み換え（解釈変更）などではなく、むしろ震災後だからこそ検証可能にされたところの両者の関係性の機微といったものに、批評意識の焦点を高速移動させながら連射しまくっているのだと言ってよい。吉本の『母型論』『心的現象論』『心的現象論本論』、また柄谷の『世界史の構造』『哲学の起源』『「世界史の構造」を読む』等をメーンフレームにして、共にそこで削除項目とされた「文学」にまつわる両義的な位相について分析的に述べた一連の箇所はとてもスリリングで読みごたえがある。特に柄谷の文芸評論が「詩的なものや詩論が思想にかかわろうとする精緻性を欠く情緒的展開への苛立ちを隠すことがなかった」と断じながらも、「「文学」と呼ばれるものの否定性の臨界で、柄谷行人と吉本隆明は不断に共在していたといわねばならない」との高階的（higher-order）な視座を最後まで貫き、思想一辺倒にも文学一辺倒にも偏らないで通すそのしなやかな論理化（＝言語作品化）

の手腕は、私には批評的というよりも限りなく詩論的なそれのように映った。

詩作品プロパーを対象にした詩論的な成果の秀逸だったものとしては、阿部嘉昭『換喩詩学』（思潮社）を忘れることはできないだろう。本作は「換喩」原理ともいうべき阿部独自のクリティカルな視点から、古くは荒地派の詩を起点に見渡してごく最近の詩人たちの多彩な詩作の試みに至るまでを自らの鳥瞰図に収めたうえで、その全貌を詩表現における「暗喩」→「換喩」の本源的変質の相のもとにグーグルアースさながら細密描写せんとした、近年稀にみる野心的労作である。

「現在の詩を、文学的にではなく、詩固有の物質的な論理としてとらえる試みだった」と「あとがき」で著者が述べている通り、私がここまで辿ってきた詩論の論理脈とは一線を画する新次元の読みを開陳したという意味では、わが現代詩は久々に自らの主観性に惑溺しない重厚な読み手を得たというべきだろう。そこで言及されたざっと一六〇冊の詩集の分量もさることながら、引用された個々の詩作品の緻密きわまるその読み込みにおいて、単なる作品鑑賞の域を抜けでた質の高い作品評価の地平を、全体水準として切り拓く結果に至った事実は付言されてよいと思う。「いまは「換喩的現在」なのではないか」――冒頭に置かれた「換喩的現在」の章で、阿部は吉本の『戦後詩史論』における「修辞的現在」の焼き直しとも言うべき用語法で、詩が置かれている現状への統覚を語ろうとする。阿部が言うところの「換喩」及びその表現原理とはいかなるものなのか。

かたろうとする価値を「奥」に秘めて修辞表面を相互関係性の引力によって頑丈に組織する暗喩は、

むろん創作原理のひとつを明瞭に定位している。いっぽうで換喩も、韜晦ではなく、書きだされた最小記述単位個々が相互の斥力によっておのれから逃れようとする力能を負って、書かれている部分をいわば亀裂で独立させようとする絶望的な希求をもっている。たとえば初期から中期へとつづいてゆく荒川洋治の詩業は、脱落から生みだされる韜晦ではなく、換喩への献身としてとらえなければならない。日本の戦後詩は、北村太郎も員数にかぞえられていた荒地派に代表される暗喩信仰と、吉岡実に代表される「解けない暗喩」(それは心情ではなく「物質の物質性」と脈絡をつなぎすぎている)、さらには「全体」をかたれないという強迫から「部分」をごろりと投げだし、すくない材料から読み手に定位をうながす石原吉郎の熾烈な「換喩」詩法、それら三幅対だったと大雑把にはいえる(それを内破させたのが女性詩とライトヴァースにみえてそうではない詩篇群だろう)。

(「換喩的現在」、17頁)

ありていに言ってしまえば、暗喩といい換喩といっても、もともとは文飾技術《レトリック》の構成要素のヴァリエーションのひとつであって、それ自体が何らかの表現原理をア・プリオリに表明するものではない。しかし、わが国の特に戦後詩の歴史において暗喩は別格の重要さを加重された必然的経緯があった。それは先に触れた北川透の詩論にも明瞭に読み取れるように、詩はそれ自体が先鋭な表現思想そのものの表出形態であり、その作品化の機序を織りなすベースの原理として、とりわけ暗喩機能が重要視される傾向にあったのは事実である。つまり〝暗喩〟は文学の言葉が社会と全面的に戦う際のもっとも強力な武器であり、暗喩だけがそのうえに世界をも載せることが唯一可能な表現機能として、詩の情況からの〝自立〟という思想的要請に対しもっともよく応え得る方途を提供したからである。

阿部が詩の〈現在〉を描き出すにあたって、暗喩から換喩への本源的変質を指摘するその手付きには、二重の含意が込められていよう。すなわち、ひとつには、暗喩構文によって書かれた戦後史上の歴代の詩作品が、現在、再読に耐えられるとした場合の読まれ方が、すでにして暗喩原理を志向する回路を失い、一様に換喩原理へと傾斜したものにならざるを得ないという意味において。さらにもうひとつには、戦後終焉以後の現在において書かれる詩作品の数々が、最も特徴的にその言語生成の原理を換喩的機序として実現していることの、歴史的明証性を担保するという意味において。

だが、われわれはここでもう一度自らの足元を見つめ直してみる必要はないだろうか。つまり〈現在〉を〝換喩的〟だと解釈変更した場合に、そこで一体いかなる価値創出が実効化されることになったのか（あるいはなされなかったのか）という問題について、もう一度考えてみる必要があるのではないかということだ。換喩的な世界とは、相互に連関性のない断片の集積によって特徴づけられる世界であるが、それは意味するものが露出を見ても意味されるものが一向に見えてこない無気味で危険な特異世界でもある。阿部はその著書のタイトルから「詩論」という言葉を周到にはずし「詩学」という〝非文学的〟な二文字を掲げるが、詩をめぐる現況が「換喩的現在」だというならば、現状の単なる分析読解に止まらない、その裏付けとなる換喩表現そのものの価値原理が、言葉の思想として理念的に表明されなければ説得力を持たないだろう。本書が本来持っているべきだと私などは考えるこうした〝詩論的〟な構想、その最も肝心な要諦を欠いていることで、この労作が真に目指すべき記述の水準までには、まだ道半ばだとの思いを強くした。

詩作品を論じることと詩人を論じること、そしてその時代を論じることが、いつしか表現者としての自己の内省を通して自身の詩の来歴を考え、同時に、みずからの時代を考える所作へとごく自然に繋がっていく。そのような語りの流儀の結晶として特に記憶に残った一冊が、近藤洋太『人はなぜ過去と対話するのか――戦後思想私記』（飢餓陣営叢書8、言視舎）である。本書は三人の詩人を含む八人の戦後思想家について、著者がみずからの読書を通して継続させてきた〝内的対話〟――つまり分析でも論理でもない思考のたしかな共鳴運動――を、エッセイ風に書き綴ったものだ。鮎川信夫にふれた「新宿というトポス――一九八二年　鮎川信夫ノート」のなかで、詩「橋上の人」と森川義信の詩「勾配」の内的な照応性を次のように述べている。

（…）たとえば「澱んだ鈍い時間をかきわけ／櫂で虚を打ちながら　必死で進む」というスタンザと「清純なものばかりを打ちくだいて／なにゆえにここまで来たのか」のそれとは、書かれた発端が死地へおもむくという覚悟によってであれ、恋愛の破局であれ意思の潔癖さにおいて共通している。そしてそれは、詩を思想の側へ押し出しているのではないか。（104頁）

初めの引用は「橋上の人」からで後の引用が「勾配」からのものである。典型的な暗喩構文からなる別人の作品だが、その根底の原理にまで降りていくと、両者はその思想において同期するのではないか、と近藤は言っている。七〇年代後半以降、過度な深読みは敬遠されることが多かった。だが、そこを完全に外して私たちは本当に詩を読んだことになるのか？

忘れられない作品はまだ多くある。貞久秀紀『雲の行方』（思潮社）は、これが最高度にメタレベルな詩論に他ならないと気づくまでにかなり時間がかかった。「前書」と「後書」に両脇を固められた三九〇の断章から本書は成り立っている。その冒頭「一　ある文によって暗示されることがらがすでにその文に明示されている――そのような文があるだろうか。ゆれている枝によってよびおこされるものが、ほかでもないそのゆれている枝であるように。」――仮にこの記述を無意味なトートロジーとしてしか捉えられない感性に対して、本書の魅力をどこまでうまく伝えられるか私はまったく自信がない。「写生の試み」と内扉にもあるように、本書は観相の手法で一貫されたジャンル的にも分類しようがない記述芸術のひとつの達成点を思わせる。例えば公園の花壇で見かけたツツジが何か「この世ならぬもの」に見えてしまう人の体験に著者は言及しているが、見えているのはあくまでツツジであり、暗示されるものは実は明示的に暗示されるのであり、またその逆も真であるような認知の象限を、著者が独特な記述を通して一歩一歩極めていくプロセスの書であるのは疑いがない。現象学でいう〈内在〉と〈超越〉にも繋がるような、まさに詩としか呼べないような散文、語義矛盾でしか語れない未知の宇宙を思わせる心象世界である。

谷内修三『谷川俊太郎の『こころ』を読む』（思潮社）も、従来のジャンル区分には収まりきらない、詩作品概念の外縁拡張型と言ってよい書物である。谷川の詩集『こころ』（二〇一三年）の作品をまず谷内が読む。そして心に湧いた思いを日記風に書き留めていく。それだけといえば、ただそれだけの内容だ。ではこれは感想文集なのか？　違う。ならば谷川の詩を対象にした批評作品なのか？　違う。つまり本書は、読書体験がそのまま創作の源泉にもなるという文学行為の不思議な振る舞いの記録であり、またさらに読者まで巻き込んでそれを堪能させてくれる自由な拡張感が大きな魅力なのだ。谷川の『こころ』が本書を内包しているのか、あるいは本書が『こころ』を内包しているのかにわかには判断がつかない。恐らくここにあるのは両者の相互内包性とも呼ぶべき関係が織りなすホログラフィックな構造であり、私などは文学の価値交換がなされるまさにその現場に立ち会ったような気がした。

ところで詩論は詩人論を内包するだろうか？ あるいは反対に、詩人論は詩論を胚胎するだろうか？ いまさら改めてこのような問いに立ち返ったのには理由がある。今年刊行された何冊かの詩人論が、私にそのことを考える重要なきっかけを与えてくれたからである。詩作品そのものは作者である詩人のことを知らなくても味わうことはできる。しかし、詩人本人のことはその詩作品を通さなければ窺う知ることはできない、というか探索してもあまり意味がない。そもそもある詩作品の作者と、それを実際に書いた生身の人間とが〝詩人〟という共通項でイコールに括れるものかどうかは、批評理論的にはよくよく考えてみなければならないところなのだ。いずれ詩人論も詩論同様にさまざまな手法で書かれうる。いま掲げた問いかけについては、個々に個性的な詩人論の数々がそれぞれ自らの解答の姿を示しているのだと、今は考えておくことにする。

私の眼に触れた限りで言えば、たかとう匡子『私の女性詩人ノート』（思潮社）、定道明『中野重治近景』（思潮社）、山田兼士『萩原朔太郎《宿命》論』（澪標）、八木幹夫『渡し場にしゃがむ女――詩人西脇順三郎の魅力』（ミッドナイト・プレス）、冨岡悦子『パウル・ツェランと石原吉郎』（みすず書房）などが、それぞれの独自な境位を示していて感興をそそられた。全体を概観して改めて思ったのは、詩人論は基本的に〝出会いの文学〟だということだ。どの作者をとっても、必ず自らが取り上げた詩人（実名で特定される個人、その多くは故人である）との置き換えようのない必然的な出会いの契機を経験化している。世界が無辺であるように、人と人とが織りなす関係性からなる心域の立体地図もまた同様に無辺である。偏見かもしれないが、私には彼等が遺していった詩作品の背景世界に言葉を届かせるこれらの詩人論が、すでにして時空的拡がりを構造化した詩論のもうひとつの姿として映った。

「私たちは長い二十世紀にとどまっている。」――若手世代による谷川雁論として異彩を放っている「谷川雁の原子力――長い二十世紀」（「現代詩手帖」二〇一四年八月〜十月号掲載）のなかで、綿野恵太はこう切り出す。われわれは「あらゆる「以後」が語られた四五年、六八年、八九年でも転換、切断されなかった、長い二十世紀」に今もとどまっているのだというように。詩論の体裁を取りながらも、そこに展開されているのは〝原子力〟に象徴される巨大な「技術」の時代即ち「二十世紀」に対して、著者が抱くところの単なる感情的呪詛やその原理的否定に収束しきることのない、幾重にも裂開した時代認識の不穏な影の揺らぎのようなものだ。「技術」に動員をかけられることでしか誰ひとり一瞬たりとも〈われわれ〉たり得ない生存の与件が、あらゆる国境を侵犯し地球規模で普遍化してしまった「二十世紀」。とりわけ谷川雁が自らの詩の「隠喩」を「原子力」のイメージで繰り返し肯定的に指し示していた事実のうちに、ひとりの戦後詩人の命数が否応なく時代と切り結ぶなかで、詩人もまた「動員」されざるを得なかった〝一人〟でしかなく、まさにそうであるからこそ「自立」する言葉即ち「文学」がそこで出会われていることの内在的かつ必然的な連関を、綿野は果敢に論理化しようとしている。この論考が契機となって、〈詩人論〉が属域的な詩人論の枠を越え出て、ひと回りもふた回りも大きな文明批判に繋がっていく回路を、今後、この論者が切り拓いていってくれることを私などは期待する。

最後に私が付け加えるとしたら、「原子力の平和利用」というこの欺瞞に満ちたフレーズも、とりもなおさず核技術／核兵器への〝解釈変更〟の産物ではなかったのかという忸怩たる思いだ。振り返れば〈われわれ〉は「四五年」も「六八年」も「八九年」も、ことごとく都合のいい解釈変更でやり過ごされてきたのではなかったか？　だが、単に解釈を変えることで外在的に与えられるだけの「以後」とは、生存的与件として強制されようが、一方でそれは思想的退廃いがいの何ものでもない。詩論にまだ展望の余地が残されているとすれば、その歴史的屈折点を安易に回避することなく、ひたすら同時代の解釈変更できない言葉の深淵に向かい続ける意志の継承の内部にしかないだろう。

II クロニクル

行為としての文学

六〇年代詩的ラディカリズム、主にそのポジティブな符牒としての

文学理論というものを、ロジカルな表記形式をとった文学作品、と考えるところから始めたい。というのは、厳密にいえば文学理論は、そもそも機械的なロジックそのものではないからだ。とりわけ詩論に関していうなら、それはもともと詩の原理を対象的に述べた文学表現である以上、そこには必ず論者自身によって生きられ、また行為された主体的な時間性というものが孕まれていなければならない。このアイデアは、実は思いのほか明確でシンプルな事実を、みずからの証明として私たちに差し出してくれる。すなわち、詩作品を技術にのみ還元することができないように、詩論もそれをロジックのみに還元することができない、という明白すぎる事実がそれだ。必ずそこには、余剰として残る私たちの経験の生きた流れが介在している。

だから文学上の理論史についても、これと同じことが言える。例えば戦後に書かれた幾多の詩論から、叙述形態のロジカルな要素のみを抽出してこれを横断的に並べるなら、あるいは一応筋の通った詩論史を立ち上げることも可能であろう。だが、ここで私はそうした方法を取るつもりはない。なぜなら冒頭で述べたように、文学理論が広い意味での文学作品に他ならないとすれば、それらが論理的に整合する個所の

みならず、明らかに矛盾や誤謬を伴っている場面をもまた、理論史が本質的にその対象とみなしていかない限り、何よりも作者によって主体的に生き抜かれた時間的痕跡をそこに見出すことは、はなから不可能になってしまうからである。

さて、一九六五年から一九七四年にいたる十年間が、わが国の詩と詩論にとってどのような時代であったかを概括するなら、それは文学することが〝行為〟することとつねに同位に関連づけて論じられた時代だったと言えよう。少なくとも、そこで展開された文学活動のうち、理論としてもっとも先端的な境位を開いていたのは、詩作品を創ること自体が暴力的な行為性を呼び込むとする極めて動態的な内容の視点だった。こうした〝ラディカリズム〟をその内部に抱え込んだ文学的性向を、ここで仮に「行為としての文学」と呼んでみる。一面でそれは、一九六〇年代を特徴づける真に輝かしい作品上の成果をもたらしたポジティブな符牒であったと同時に、もう一面では現実の大学闘争での敗退過程から極端な作品至上主義へとたくみに身をかわすためのネガティブな符牒としても機能したという、背理しあう両側面をあわせ持っていた。

例えば、それを多くの問題性とともに最もよく体現した詩人である天沢退二郎は、一九六九年に「言語表現をこえて〈書くこと〉の暴力へ」(『作品行為論を求めて』所収)のなかでこう書いている。

〈書くこと〉の成立において、私たちの世界の表現は詩となり、すなわち表現をこえたものとなり、決然たる〈暴力〉として存在しはじめる。

こうした表現は、二重の意味で象徴的である。〝書かれたもの〟ではなく「書くこと」という行為の本質がそこでは問われていることと、また、それと同時に「書く」という行為が、必然的に〝書かれたもの〟つまりは「表現」(テキスト)を凌駕すべきだという独自の倫理的観点がそこには息づいていること。およそこの二点は、一九六〇年代以降にはじめてわが国の現代詩のシーンに登場してきた思潮の流れの一端を、きわめて特徴的に示しているだろう。

だが、なぜそれは「暴力」でなくてはならないのか。文学にそのように過剰な要請をもたらすことになる必然的な連関については、本論において徐々に明かしていくつもりだが、いずれにせよ、こうした言説が一定以上の意味を持ちえた時代の特性こそが、ちょうど一九六五年から七四年までの十年間における詩論的言説空間の、いわばピークの部分を形成したと言ってもよいと私は思うのだ。

さて、それではひとたび戦後文学というより大きな枠組みのなかに置き直してみた場合、現代詩のこうした理論的動向は、その当時、文学思想上のいかなるトポスを占めていたのだろうか。このことに関して、私は少なくとも三つの大きな背景的要因がそこには働いていたと考える。

まずひとつは、実存主義思想の世界的な波及が、ここにも深い影を落としているという事実である。一九六〇年代から七〇年代にかけて、当時、世界の思想状況はまさにサルトルの時代であると言ってよかった。「実存は本質に先立つ」という彼の有名なテーゼは「自己投企」という思想を私たちにもたらしたが、この観点は内面的な動機性がいわばゼロであるような場所からも、現実の行為へと私たちの存在をうながすことを可能にし、また行為することがしないことよりも優位だと考えるイデオロギーの、倫理的な根拠ともなった。

ふたつめとしては、この世代に先駆する第一次戦後派とそれに続く若い作家たちの仕事が、これもやはり象徴的にだが、ひとつの傑出した「文体論」をすでに五〇年代において結実させていた事実があろう。江藤淳の『作家は行動する』（一九五九年）は、まさにそうした時代の節目に登場した画期的な〝変革の書〟であった。彼がそこで最も否定したのがわが国のこれまでの私小説的な作法、とりわけ行動から切り離された「実感」を重視する態度であり、逆に最も主張したのが「書く」ことを通してえられる小説文体の行動性であった。つまりここでも、新しい文学の像は、行為することとの優位性のうえに描かれていたのである。

「今日においては、表現についてかんがえることは全世界について考えることを意味しなければならない」（長田弘）――ほとんどアジテーションとも取れるこうした鮮烈な言葉が、一定いじょうのリアルさを持ち、またひろく共感をかちえた時代。長田弘が、一九六五年にその『抒情の変革』をもって登場したことの意味は、なにより「変革」というそのパセティックな語感が物語るように、詩作する行為の現実における有償性を、自分たち若い世代にはっきりと自覚させた、その点にある。この時期の長田弘の仕事は、どこまでも戦後世代の視点から、わが国の先行する戦後詩が体験として刻みこんできた主題を非体験的な理念として捉え直しつつ、その思想的な意味だけを果敢に生きようとする志向に貫かれていた。「詩的であることが、じゅうぶん政治的であることにも耐えうるような、そういったラディカルな方法意識がいまわたしたちにもっとも緊急にもとめられている」と書き、また「詩人とはもっとも直接的に感性的行為者であるだろう」とも述べる長田弘は、しかし自分たちが戦後の時代にあっては最も宙吊りにされた世代であり、その内部に世界大の空無を抱えこんでしまっている事実をも隠しはしなかった。

（…）歴史と日常の間隙に反りかえる感情の裂けめにあらわな、わたしたちのそうした貧困のまんなかに、わたしたちの感受性は宙吊りにされたまま、その痛苦に耐えてゆくことで、わたしたちの存在じたいが孕まれている受動性に対するわたしたちの自発的投企を、わたしたちはすでに詩の契機として択びとってしまっているのではないか。

（同書「無名の愛の詩学」）

詩に向かうことを、そのまま思想的に行動することと等価に考えるこうした傾向は、初期の長田において特に顕著であるが、無論そのことは六〇年安保闘争をひとつの頂点とする新左翼各派の政治潮流、とりわけそのラディカリズムの要素を、現実行動の次元においてではなく文学活動の次元で担いとる性質のものだったことは、明らかである。

そしてさらに三つ目の要因は、とりもなおさず戦後詩論史の内部に胚胎され、育ってきた理論的蓄積のうちにその多くを負っている。すなわち吉本隆明の『言語にとって美とはなにか』（一九六五年）がこの時期に刊行をみたことの意味は、きわめて大きいものがある。この理論的労作は、その初発の動機を、プロレタリア文学理論の廃墟のうえに文字通りまったく新しい文学の原理論をうち建てようとする構想のうちに宿していた。吉本はそこで、言葉のもつ価値というものを言語の「自己表出」と「指示表出」という二本の軸から捉えつつ、ひるがえって文学作品の価値を「自己表出からみられた言語表現の全体の構造の展開」だと定義づけた。その構えはどこまでも意識の自己表出の軸が中心であり、最後までその疎外論的な枠は崩れないのだが、一方で文学作品の価値を、古典から現代文学にいたるまで、すべて言葉そのものの価値の考察から説きおこすという離れ業によって、文学を外在的なイデオロギーによってではなく、純粋に言葉に内在する問題系として検討できる道を開いたのである。

だが、厳密に考証するなら、『言語美』はそれを批評理論としてみた場合、大きく括って例えば「荒地」派の詩まではよく評価できても、それ以降のより若い世代の詩の説明原理としては十分に機能したとは言いがたい。ここに、吉本の後続世代による『言語美』的な作品観への批判的継承の動機が潜在していたとも言えよう。

大岡信の『蕩児の家系』（一九六九年）は、その四年後に刊行をみる。この文学的知性に満ちあふれた詩論集は、ひとくちに言えば「荒地」派や「列島」派における歴史主義的・政治主義的なものの否定を自世代の文学的主張として、初めて高らかに宣言した書であった。特にその「戦後詩概観」の章では、自らもその中に含まれる一九五〇年代の詩人たち——例えばそれは飯島耕一であり谷川俊太郎であり、岩田宏であり堀川正美でもありうる——のプロフィールを「歴史主義の網の目によっても、政治主義の網の目によっても掬いとることのできない領域に、すでにはみでてしまっている自己を自覚した青年」として描き出し、彼等の詩がもっている本質部分を「感受性の祝祭」という表現で概括したことは周知の通りである。

> 詩というものを、感受性自体の最も厳密な自己表現として、つまり感受性そのもののてにをはのごときものとして自立させるということ、これがいわゆる一九五〇年代の詩人たちの担ったひとつの歴史的役割だったといえるだろう。
>
> （「戦後詩概観」）

この「感受性」という言葉には、どこかにイノセントな感覚がつねにつきまとわずにはいない。だが、何に対して。一九四五年の敗戦時に中学生だった彼らの年代を考えれば、それはあの戦争とその後にやってくる破滅的な現実に対して、いかなる負い目や責任も覚えようがなかったことからくる、彼ら特有のイノセンスだったと考えざるをえない。

いわく「想像力」という述語が世界認識の全体性といったものをイメージさせ、「自己表出」という視点が過度の意識の集中をそこに連想させるのに対して、この「感受性」という言葉には、そうしたものからまったく自由な、ありのままの感性世界に対する肯定命題だけが聞き取れるのである。確かに、それは新しい世代の詩の原理部分をなすものとして、詩作品における言語表現の幅を飛躍的に拡大したと言っていい。そうした中で生まれた『二十億光年の孤独』（谷川俊太郎）や『太平洋』（堀川正美）といった記念碑的な詩集の何冊かを、私は即座に思い浮かべることができる。

さて、こうした五〇年代詩的な「感受性の祝祭」は、一方でいかなる表現理論をみずからの懐中から生み出すことになっただろうか。

入沢康夫『詩の構造についての覚え書』（一九六八年）は、まさにそうした座位にあらためて置き直してみるとき、そこに書かれてある内容に反して、極めて刺激的なメッセージを私たちに放ちはじめるのである。入沢はそこで、「短歌的抒情や俳句的世界からの脱却という命題がとなえられて久しいが、それが可能になるのは、単に抒情の質を変えるとか、批評的態度を導入するとかいったことによってではなく、私詩的構造の打破をふくむ、作者と作品の関係の改革によるほか」はないのだと述べ、独自の構想からする「擬物語詩」の可能性について言及していくのである。私たちは、次のような個所にこうした入沢の初発のモチーフを読み取っていくべきであろう。

（…）ここで大切なのは「詩作品の構造とは何か」に少しでも参入することであり、擬物語詩にその一つのタイプとしての可能性を予感できるということなのである。そして、これを裏返して言えば、一人称的な私詩という意味での抒情詩・述志の詩では、その本質上、おのずから構造が制約・限定され、可能性も局限されているときに、それ以外にも方法が考えられ、その方が、はるかに大きな有効性が感じられるという一例として、これが提示できているとすれば、さしあたってはそれだけでもよいのである。（同書）

何よりも注意したいのは、ここで徹底して追求されているのが、詩の原理ではなくその「構造」の方であり、あくまでこの「構造」に沿った詩の表記の方法上の根拠が求められていることである。あの有名な「詩は表現ではない」というテーゼをはじめ、入沢は現実の「作者」と作品中の「発話者」との区別を、その中でことさらに強調しているが、そこには詩作品を独立の構造体と考えることで、作品内に曖昧な主体概念が介入してくる悪弊を極力排するという狙いがあった。そのことは裏返せば、詩を「擬物語詩」というように構造化することによって、大岡信が「感受性」と呼んだあの精神の領域を、最終的に無傷で保存しうる理路を、具体的な詩法としては初めて提示したということである。

そして「行為としての文学」がアモルフな時代感情としてではなく、明晰な詩論的体系としてみずからを強く主張しだすのは、少なくとも詩論史的なこれらの背景情況を色濃く背負ってのことであった。その意味で、入沢康夫まではそのはじまりの前史部分を構成していたのだといってもよい。

私が「行為としての文学」の実質的な終わりのはじまりと見るものは、天沢退二郎の論考「言語表現をこえて〈書くこと〉の暴力へ」（一九六九年）および「作品行為論小序」（一九七〇年）であるが、それには根拠がある。すなわち、書くことの「暴力」が単に暴力的な表現を打ち出すといったたぐいの言語内部だけのトポスではなく、天沢においてはそれが明確に現実の政治的ゲバルトの延長上に定位せられるという尖鋭な思想表明をも伴っていたからだ。そのことは言い換えるなら、ここに表明された思想が、いずれも書くことの経験的な根拠をみずから疎外することで、書くという行為のライブ感覚のみを担保しようとする性格のものだったということだ。そして私にはこの論理の飛躍が、きわめて危険な選択以外のなにものであったかとも映るのである。さても天沢退二郎は、先に引用した同じ論考の中で次のように書いている。

（…）ゲバ棒やバリケードは確かに思想的表現であるとしても、たんに〈表現〉にとどまらず、〈表現〉の彼方へと突出する本質をもっていることは明らかである。しかしさらに、言語活動もまた必ずしもたんに〈表現〉にとどまるものでないこともまた明らかでなければならない。一つにはメルロ＝ポンティも示唆しているように、逆に言語活動もまた本質的に肉体的所作として意味をもつものであることに注意すべきなのだ。つまり、即自的実力行使を〈表現〉として言語表現の延長上にとらえるのとは逆に、言語活動を実力行使の延長上に位置させる視点が必要である。このとき、言語活動が〈表現〉を突きぬける根源的な力、《異様な力》を伴うことが認識される。そしてこのとき、言語のもつ力は言語活動のもつ力として現われ、私たちにおける〈書くこと〉の内発的な暴力性として現われる。

（「言語表現をこえて〈書くこと〉の暴力へ」、傍点引用者）

私にはこれら有名なフレーズから、少なくともこの文章が当時そのもとに置かれたであろう二重の時代的な陰影を、現在の視点からあらためて屈折的に読み取ることができるように思われる。

そのひとつとは、詩作品に関するこうした認識が、天沢退二郎の六〇年代における傑出した詩業、とりわけ『朝の河』（一九六一年）や『夜中から朝まで』（一九六三年）、『時間錯誤』（一九六六年）といった詩集の、文字どおり革命的といってよいその見事な達成を、理論面から逆照射したであろう事実。そしてもうひとつは、こうした〝書くことの暴力〟という観点が、実際に彼もその渦中に身をおいた東大・大学闘争の現実局面を根底にもちながら、それがあたかも彼の詩作品いや「作品行為」の原理部分と鋭く共鳴しあっていただろうという事実である。当時みずから発行していた同人誌「暴走」の運動理念について、「全学連の政治的ラジカリズムをその本質面から、詩意識の次元において全体的に獲得、発展させようとする試みだった」（「暴走」休刊の辞、一九六四年）と述べる彼の言葉がはからずも表明していたように、天沢退二郎はこういってよければ六〇年代の政治的・文化的状況が詩の体内に必然的に生み出した、まさに時代の刻印を背負う全存在的な表現者であった。「ほんとうは詩について語ることはできない。できるのは詩を生きることとだけである」（「わが現在詩点」一九六七年）と述べる天沢は、評論集『作品行為論を求めて』においてそのユニークな本質を、宮沢賢治の童話「よだかの星」に即しながら、次のように書いている。

（…）よだかの作品行為の終りなき逸脱が、かれ自身の物語の地平を私たちの目から匿しているのだから、私たちは見させられぬことに甘んじるのでなく、匿されていること自体の啓示によって、作品行為をわがものに引寄せるべきなのである。すなわち、昇天して自ら星となるよだかの究極的な作品行為にとって、よだかが星となるまでのこの物語は、その行為の終りなき逸脱がはじめて啓示した自らの〈彼岸〉にほかならないのであって、そのような意味での〈彼岸〉を自らの死のさきへひらくことこそ、作品行為の唯一の意味だからである。

（「作品行為論小序」）

ここに「行為としての文学」は、みずからの最終的な到達点を見出したといってよい。ある意味で、それは自らを不断に一種の超越項と化す不連続な運動性にゆだねおおせることで、「作品行為」以外の一切から免責されてしまう文学表現のあり方を、はじめて明確に打ち出したのである。この「作品行為」至上主義とも呼べる考えは、詩作品の価値をどこまでも書くこと自体が孕む現実時間からの逸脱の度合いのうえに置くため、文学理論としてみるならば、超越にむかう正のベクトルのみがそこでは強調されるかたちになり、逆にそれをふたたび私たちの現実時間のほうへと帰還させる負のベクトルというものを完全に遮断してしまう構造を持っている。こうした「作品行為論」に問題があるとすれば、何よりも「作品行為」が終息した後の膨大な〃非作品行為〃的な時間つまり日常的な時間のなかに、表現上の根拠がなにひとつ見出せなくなってしまう点だろう。事実、天沢の作品行為論にその後加えられることになる本質的な批判の多くは、実にこの点を突いているのである。

だが、私はあえて歴史家の目をもって語ろうと思うのだが、この〃非日常的日常の原形質性空間〃を志向した「作品行為論」は、それ自体がやはり非日常的空間であった大学闘争という現実の舞台を抜きにしては、本来、生成しえないものだった。その意味で、どこまでもそれは一回性の栄光と悲惨を同時的に身にまとう宿命にあった原理だと言える。

例えば、天沢とおなじ同人雑誌「凶区」に依りながら、次第に天沢批判を強めていく菅谷規矩雄は、一九七〇年に「大学闘争と詩的情況とは、ふたつのことなる領域などではありはしなかった」と述べ、そして暗に、「作品行為」の永続を指向することは、「大学闘争は永続する」というスローガンの詩の領域への焼き写しではないかと、鋭い疑問を呈したのだ。「詩的情況論序章」(『飢えと美と』所収)の中で、彼はこう書いている。

ひとつの推測をしるしておこう——大学闘争において、天沢退二郎はきわだったアジテイターのひとりであったとおもわれる。詩的言語の暴力性を主張するかれの思想は、バリケード的情況にたいして、優位＝先行性をあらかじめふくんでいた。そのかぎりで、それはゲワルト的情況をみちびきだすアジテーションであった。けれどもゲワルト的情況は、同時に(昨年秋)政治思想情況の深部に下降する後退・敗北の局面をあらわにした。ここにおいて、詩的言語の暴力性なる原理は、いっさいの優位＝先行性をうしなって情況から亡命する——〈国家〉からかおをそむけて…。

菅谷規矩雄において、自らの詩論の出発点はむしろ「大学闘争」以後の、つまり詩意識がアジテイターの語り口をすべて失った後の荒涼とした現実時間のなかに現れた。〈無言〉という彼のキーワードがあまりにも露わに示しているように、すべての詩論的探究は、彼の場合、まさに詩が終わった地点から開始されなければならぬ運命にあった。彼の最初の評論集『無言の現在』（一九七〇年）の主要部分を占める「詩の終り」の章は、直接にはハイデッガーの言語論への批判的ノートの体裁で書かれているが、次のような象徴的な始まりかたをしている。

詩の終りについて書こうとおもう。すでに書き終えた一篇の詩ののちに、私たちがやがて存在するべきあらたな詩のはじまりに立っていることを保証するものは、なにもない。そしてまた、私たちが詩のそとにあるかぎり、書いていないかぎり、すでに書かれた詩は、存在していないも同然なのだ。それをもし、作品は存在する、といいかえねばならぬのだとしたら、それはつまり、詩のそとにいる私たちとは、存在していないものであるということなのだ。だがおそらく、詩は、私たちを超えて存在しうることはない。

菅谷が自らの詩論的探究を、このように詩の終わりをたしかめる作業から開始しなければならなかった理由は、少なくとも彼自身に固有な資質とは関わりのないところから、つまりは詩の外部にひろがる現実の側からやってきている。そのことは「行為としての文学」が、菅谷規矩雄においては、この時点で完全に内部的な必然性を失ってしまったことを物語っているだろう。彼がこのように自身の批評の原点を「詩が終わったという動かしがたさ」のうえに見いだした事実は、一方で「行為としての文学」理念の終局を誰にもまして徹底的に検証することになるが、同時にそれはその後長期にわたって継続される彼自身の独創的な「音数律論」を導いてくるための開始地点に立つことでもあった。そのことを、ここで私は強調しておきたい。

また、おなじ六〇年代詩人のなかでも、北川透が行なった天沢退二郎批判は、戦後詩史に底流する情動的な批判原理をもってする渾身の批評作業であった点、あきらかにひとつの時代を画する衝迫力を秘めたものだった。『〈像〉の不安──仮構詩論序説』（一九七二年）で彼が突きつけたポレミカルな論点はどれも、「行為としての文学」がおのれの主張する範疇から遺漏させて顧みなかった「沈黙」の経験領域に軸足を据え、そこから情況的に沈没していくそれらの「詩」を、容赦なく狙い撃ちする内容をもっていたからである。すでに六四年の時点で北川は「詩を書くということは、その詩の表出されてくる核よりも、何層倍も大きい反詩の渦のなかに投げこまれること」（「詩と反詩の間」、『詩と思想の自立』所収）だと明確に述べていた。「沈黙」といい、あるいは「無言」といい、いうならば「詩」（＝発語）の対立概念としてそれらすべてを内包した「反詩」概念を詩意識の外部に措定することによって、それとの拮抗関係のうちに表現概念の更新を目指していた北川透からすれば、天沢流の「作品行為論」は、この「反詩」を自己内部から放逐して一方的に「詩」の超越性のうちになだれこんでいく性格のものであり、必然的に批判の対象たらざるを得なかった訳である。「仮構詩論の現在地点」の中で、北川は先に引いた菅谷規矩雄の文章を援用しながら、こう書いている。

（…）表現の意志に規定された〈沈黙〉は詩の基盤であり、失語に規定された〈沈黙〉は国家・法の基盤である。言語学批判として、〈詩的言語の暴力性〉なる原理をたてるとしたら、その表現論の構造のなかに、この〈沈黙〉の二重性の弁証を正しく位置づけることからはじめるほかない。天沢の《アジテーションの終了》が〈情況からの亡命〉を媒介として〈作品行為論〉へとつながってしまうのは、そこに根拠があろう。（…）ともかく〈作品行為論〉こそは、決して天沢ひとりに強いられたものではない情況の危機を回避することで、言いかえれば〈無言〉＝主体を表現論の構造から最終的に放逐することで、〈書かれたもの〉＝客体を手に入れることに帰着した（ことからはじまった）のであれば、その情況における規定力は、同じような強力でわたしに対しても働いているはずである。わたしがみずからの解体と危機に自覚的であり、それを主体化する意志を捨てないならば、〈作品行為論〉批判は避けて通ることのできなかった批評の回廊であったはずである。

こうして北川透が「行為としての文学」と最終的に決別してから、彼が選択した思想の理路は、情況のなかで欠損した詩作主体のダイナミックな〈仮構〉を通して、「詩」と「反詩」との裂目に投げ出された詩意識じたいの〈転位〉を呼び込もうとするものだった。

「行為としての文学」は、こうして北川透の圧倒的な批判理論の登場によって、思想としては完膚なきまでに粉砕され、明らかにエポックとしての命脈を終える。だが、一九六〇年代の後半から七〇年代の前半にいたるこの時期の、「詩」と「思想」をめぐるもっとも本質的で興奮を呼ぶドラマが、まさしくここにあったことを私は疑わない。そしてかのドラマがこのようにして生起し、またこのように終息していった過程の内に、戦後詩ひいては戦後史の流れが質的に大きく転換していく断面をも、瞬間、はっきりと見てとるのだ。

詩的七〇年代、あるいは戦後詩の屈折点

■終焉と延命

〝七〇年代詩〟というようなものは、存在しない。現象的な経過を別にすれば、〝七〇年代詩〟という概念は批評的カテゴリーとしては勿論のこと、群としてもあるいは様式としてさえ存在していない。にもかかわらず、戦後の詩にとってこの〝七〇年代〟という時間幅は、ひとつの大きな意味を持っている。それは一言でいうなら、詩に刻印された直接の戦後性が自己解体をとげる反面、同時代的な詩がはじめて「戦後詩」というものを現実の経験から切断し、それを一種の風景にしてしまうことで詩におけるポスト・モダンとでも呼べる状況を招来せしめた点にある。「戦後詩」のいわば断層としてのこの〈屈折〉は、ちょうど七五年の荒川洋治の詩集『水駅』の出現を象徴的な区分線として、じつに劇的に訪れた事態だった。

だが、もっと厳密にいうならば、七〇年代の詩はその前期と後期とでは、おおきくその様相が異なっている。私は、詩的七〇年代の本質は、この前＝後期間の〈屈折〉をもたらした背理的な関係性にこそあったと考えるが、そのうえでなお七〇年代の詩として特徴づけられる一連の詩人とその作品があることを否定しない。このことは、先の指摘とけっして矛盾するものではない。それはまず、先行する六〇年代詩的

なものの否定形として、つまりどこまでもネガティブに継続開始されていった詩的経験の属性を指すからである。

例えば吉増剛造は、『黄金詩篇』をはじめとする重要な詩集の多くをこの七〇年代に上梓しているが、彼はその詩の本質からいって明らかに詩的六〇年代の詩人であって、この詩的七〇年代に属した存在とは見なせない。だが一方で、己れの詩的出自を確実に六〇年代という時代本質のうちに持ちながら、七〇年代にはその詩表現において完全に沈黙した菅谷規矩雄の存在は、その「無言」の位相においてこの移行期の詩の経験領域に無視することのできぬふかい影を落している。また、ほぼ同じ時期に重要な初期の仕事の多くを発表しつつあった北川透は、同時代の詩に対する批判をまさにこの詩的七〇年代において展開しきったことで、こうした類型化じたいを無効にしてしまう大きな射程をみずからの言葉に与えることができた。

これらのことは、〈屈折〉を内包した詩的七〇年代という評価区分が、具体的な詩作品や詩集の刊行年次とは次元を異にするレベルではじめて再定位される、過渡的な時間上の裂目であることを物語っている。そして、そこで終焉をみたものと、そこで延命したもの。それら双方の不連続的な交錯を読み解かない限り、この裂目は絶対に見えてこないと言っていい。

七〇年代前期の詩は、明らかにひとつの詩的エポックの終焉を告げていた。それは、戦後の一九五〇年代頃から顕著になってきたある詩的潮流の、いわば最後の光芒だったと言ってもいい。その潮流とは、一言でいうなら詩作品に底流する肯定的な気分、つまり詩の原理上の希望のようなものを指している。つまり、言葉が産出される基底にあるみずからの表現行為に対する信頼感、とでもいったらよいだろうか。

「詩」という超越的な価値への信憑、といえばもっと近いかもしれない。私はかつて、これを指して〝戦後ロマンティシズム〟と名づけたことがあったが、少なくとも七〇年代前期の詩表現は、このロマンティシズムに完全に終止符を打つものになった。
あるいは、それは時代の側から強いられた結果だったと言うべきかもしれない。この時期のそうした表現思想をもっとも過激に体現し、言語の美の生成にむかう可能性と不可能性とを、共にもっとも遠いところまで展開してみせた詩人が、佐々木幹郎である。彼の第一詩集『死者の鞭』（一九七〇年）は、それと同名の長篇詩からはじまっている。

ナロードの祈りに似た
ねばい朝のミルクの
垂れてくる安堵の色つやをながめ
冴えわたる胸線一杯に
死の行為は重く
耳朶は光をおおい
嚙み切られたひとすじの黒糸のような黙禱のなかで
単眼は精神の円卓を巡る

（「I　橋上の声」第一連）

この作品が、一九六七年の「10・8羽田闘争」における実在の死者、京大生・山﨑博昭の死の影のなかで書かれたことは、その言葉の価値をおし測るうえで、恐らく決定的な部分をしめている。ここには、内在的な時間のみが強固にひき絞られて、それが意味と韻律への微妙な配置を形成しながら、言葉がかろうじてイメージを打ち立てている姿が見てとれる。そして、こうした詩法が必然化される原点に、かかえ込まれた死者の存在すなわちその失われた時間への仮構の意志が潜在していたことは、疑えない。

北川透が「死者の方法」と呼んだもの、戦後詩のすぐれて本質的な試みは、その時代々々における象徴的な〈死〉を内にかかえ込むというこの方法を必然化することで、他に取り替えの効かない固有の表現性を自らつかみ取ってきた。鮎川信夫の「死んだ男」しかり、吉本隆明の「時のなかの死」しかり。佐々木のこの詩作品は、そうした意味でまさに同様の時代的宿命に貫かれた、他に群を抜く一作だったと言っていい。

表現史のうえで六〇年代後期から七〇年代前期へと延命したもの、それは理想や希望とまったくかけ離れたところで、日常のふかい虚無に抗うように内向していく時間だけを表現の質に転化していこうとする、こうした詩法上のベクトルだった。

■疎隔から凝集へ

「反米愛国」のスローガンが如実に物語っていたように、六〇年安保闘争は、米軍の占領政策からのわが国の独立運動という影の側面を持っていた。大澤真幸は「六〇年安保において表明される反米こそ、日本がアメリカを中心とした世界システムの中にあり、まさにそれゆえにナショナルな共同体たりえたことの決定的な証拠だ」(「戦後思想の現在性」、『戦後の思想空間』所収)と述べているが、この論点はじゅうぶん考慮されるに値する。きわめて概括的な言い方をすれば、六〇年安保闘争を跨ぐ時期にみずからの詩的出発をみた一連の詩人たちの言葉には、その詩法上の違いをこえて、みな一様に日常生活時間からのきりもむような疎隔感がつきまとっていた。私は特にその兆候を鈴木志郎康や長田弘、渡辺武信、岡田隆彦、それに初期の吉増剛造の諸作品等に見いだすが、そうした事態をもたらしたものが高度経済成長下における、ナショナルな実体の身体的喪失感であったと考えることには、十分な根拠があるように思う。

そして七〇年安保闘争へとむかう約十年という期間、度重なる街頭デモと学園闘争とがまさに最大の高潮をみせる中、それらの運動が現実的にはことごとく敗北していった歴史過程の裏側で、七〇年代前期の詩の実質部分も確実につかみ取られていった、という言い方をあえて私はしたい。

それは身体的な喪失感だったものが、精神の絶対的な欠如感覚、すなわち何によっても補償できない自己存在の〈欠損〉へと変貌していく退行過程でもあった、と言えるからだ。少なくともそう捉えることで正津勉や、清水昶・佐々木幹郎・藤井貞和といった雑誌「白鯨」周辺の詩人たちに際立って特徴的だった独自な〈文学（詩）体〉、とりわけその創出への真摯な希求が、大きな必然の相のもとに再浮上してくるのである。

七一年に書かれた評論で、清水昶はみずからの詩作行為を次のように規定している。

書くことは現在の私にとって唯一の行動だ。書くことへの意志を持続しつづけることで、わたしはみずからを支えてきた。たしかに生活とペンとのはるかなる距離は実在する。生活のくるしい余波は、想像力を収奪する。しかし、生活をはみだしたところにしか、わたしたちの生活を止揚すべき命脈を見いだせないと自得する故に、わたしは底の割れたみずからの想像力に寒くふるえつづけているのである。

(「詩の辺境」、「現代詩手帖」一九七一年四月号)

ここには、実生活上の成熟を放棄しながら、唯一詩作する行為を軸として、あり得べくもない逆転の契機をまさぐろうとする意志のかたちがほの見える。だが彼等の詩にとって、そうした作為的な意志のかたちのみが本質的だった訳ではない。

それよりも、彼等を先行世代から分かつもっとも大きな要素は何かと問われれば、私はためらわず日本的な幻想の風土性への観念的回帰のモチーフ、ならびにその屈折する〈文学(詩)体〉の獲得にあったと答えるだろう。それを詩の原理面から言い換えるなら、言葉に、みずからの内向する時間を受肉させる沈黙の行為をこそ、逆説的に詩表現の意味とみなしていった点に求められる。彼等の屈折した〈文学(詩)体〉は、そうした要請から必然的に選び取られた文体であった。

だれがいったいわたしを起こした
土地から生えた部族たちが旗をおしたて
村をめぐった豊年祈願の祝祭
祭の中心で旗を支えわたしは
凶作の村道をぎらぎらめぐり
飢えの中心で旗を支えた少年の

麦のような手のそよぎであったのか

（清水昶「夏のほとりで」第二連）

当時、清水昶を支持した者たちの多くは、彼の文体そのものにではなく、こうした文体のもつ作為性のポエジーに、例外なく魅了されていたと言っていい。一見して分かるように、ここにあるのは暗喩《メタファー》ではなく映像《イメージ》である。本来、現実の生活時空に足場をうしなった表現意識は、詩法上の必然として、みずから言葉を受肉させるためにその内向する時間をこそ凝集させる必要があった。しかしそこは詩がもともと成立不能な精神の荒廃地であって、なおもそこで言語の美としての詩表現が自立するためには、この凝集作用が自然にではなく、どこまでも作為的な身振りのなかで代行補償されるという屈折的なプロセスがどうしても必要とされたのである。清水の作品が、映像《イメージ》を先行させてそこから逆に内的時間（記憶）を偽装させているのもそのためだ。

同様に佐々木幹郎が与謝蕪村を、藤井貞和が上古の日本文学を、それぞれ導きの糸口とすることで追い求めていったものも、言語による美の開示がどのようにも不可能な内的時間の凝集のうちで、一点そこをつき抜けていく方法化のための途筋であった。こうした詩法上のベクトルは、恐らく七〇年代前期においてその極点まで昇りつめたと言っていい。こうした詩の作為性を、宗近真一郎のように「統辞的悲劇」とよぶことは、だから決して的をはずしてはいないのだ。私はこの時期の詩的な本質を考えるとき、どうしても立中潤という存在を想起してしまう。七五年に二十代半ばで自殺したこの詩人の死が、宗近の言を借りれば、その作品においてまさしく「エクリチュールが、そのまま、ひとつの直接性であった」（あるいは、あろうとした）時代の終焉を象徴するように思えてならないからだ。さらに宗近は、そのことを指して「戦後詩は、立中的エクリチュールにおいて飽和し、その表象を散文へと解体した。つまり、エクリチュールにとってメタファが不可能である地点へ至った。もう、言葉に時間を蓄積することはできない。喩のリズムを自然時間との構成的なズレとしてとらえうるモメントがないのだ」(「統辞的悲劇の終焉」、『水物語に訣れて』所収)と総括したが、過剰な物語も、自虐する抒情も、党派的なルサンチマンも、ともに詩の原理としては完全に破産し尽くしたまさにそのゼロ地点を、彼の言葉は正確に指し示していたと言えるだろう。

■逃れゆく時間

詩史とは、一種の遠近法に他ならない。視点の置きかたによって、遠近法は当然その見えかたが違ってくる。詩史とは、詩作品によって形成されるそうした非体系的な地形図いがいの何物でもないが、私は一部のポストモダンの批評家たちのように、この遠近法じたいを否定しようとは思わない。なぜなら、精神のこうした遠近法こそが、言葉の作品化という価値創出を、歴史時間の相対化の作用のなかで、いわば絶対的に原理化している当のものだからである。

現在の視点から展望すると、一九七五年頃を境にして、わが国の詩の流れのなかに大きな断層の走っている姿が見えてくる。この断層は、むろんだれか特定の詩人によってもたらされたものではないし、また恐らく誰かによって明確に意図されたものでもなかった。だが、その断層のもつ画期としての意味をひとりの個人に代表させるとしたら、それは荒川洋治をおいて他にはいないように思う。

荒川洋治とは、じつに不思議な詩人だ。私は、かねてより彼の独自性そのものを論じることにさほどの意味を見出せないできたが、いったん彼の作品を時代的に先行する戦後詩総体との位置関係のなかで考えると、それは逆説的な詩史論的意味を浮上させるように見え、その存在感が一挙に高まるのである。

方法の午後、ひとは、視えるものを視ることはできない。
（「キルギス錐情」より）

彼の第一詩集『娼婦論』の第一行は、この鮮烈な詞辞《コピー》ではじまる。ここにあるのは、すでに暗喩《メタファー》でもなければ映像《イメージ》でもない。こうした詞辞が、当時もいまも〈詩〉として機能しえている秘密とはなにか。それは例えば「視えるものを視ることはできない」というロマン主義的手法を自ら断言することで、先行する戦後詩にいまだ残照していた近代主義（ロマンティシズム）そのものを、いわば上手に〝剝製化〟してしまったことによる。そして、この見事さは、荒川においてやはり他に群を抜いていたと言わねばならない。

まず私服の蛇を遠ざける
みぎれいな乞食《かたい》を屈ませ
ひなびた必須をひねり
かじかんだ呼鈴をむしり
雪譜も埋まる雪のなか
ひえるくるぶしを谷水にすすぐ

あなた
（「娼婦論」第一連）

荒川洋治の作品から、私は詩を読んでいるという感触より、詩の〝剝製〟を読まされているという拭いがたい印象を受ける。言葉の意味を追うことも、そのイメージや内在する時間性を追うこともできない。こうした詩法を貫く原理をひとつだけあげるなら、それは生きた言葉の経験の非時間化（剝製化）ということに帰着するだろう。

作品の完成度はみごとに整えられているのに、そこにどのようにも実存的な生の時間の流れが感じられない彼の詩の印象は、恐らくそこに起因している。言いかえるなら、それは詩作品を言葉の生きられた経験から切断し、それを一個の部分普遍的な〈概念〉に変えてしまったということだ。

こうした言語の質は、彼の独創である以上に、ある新しい事態の到来を告げていたように思う。荒川洋治とほぼ同時期に詩的な出発をとげた平出隆の作品にも、このような傾向は顕著であった。

病むひとの肩車で、梁にわたしは刻む《旅籠屋》。
ゆらめいてそのまま
雨ふる次頁へ傷む、
栞となって立って眠る。
めざめれば睡りも夢で
粗末に欠けた斜洞にふたり横たわりあり

焚きつけの本にくられた湖にひたい浸して
炎えるおまえ、わたしの
手は断固、紙背に廃れたひとつの星に
幾重の馬楝《ばれん》をあてている。

（「微熱の廊」より、『旅籠屋』所収）

ここでも、七〇年代前期の詩を彩っていたあの内向する時間は、言葉の質のうえでほぼ完全に消滅している。荒川や平出に代表されるこうした新しいスタイルの詩の登場は、戦後の詩の歴史において、じつに画期的な断層だった。詩の言葉からの時間の逃走——詩におけるポストモダンがあるとすれば、恐らくここがその原点ではなかっただろうか。

七〇年代後期の詩の大きな特徴は、このように七〇年代前期の詩がもっていたような欠如感がきれいに払拭されたことにある。しかしそれは、欠如が何かによって埋められた結果ではなく、欠如そのものが欠如するという非＝戦後的事態が、社会的にも感性的にも身近な現実になったことを意味していた。そこでなお詩が可能であったのは、歴史的経験としてではなく、ただ部分普遍的な〈概念〉としてそれが継承されていったからに他ならない。そのことは当時、「〈六〇年代詩〉の気風の持続を、負う」と自ら宣言し、荒川洋治への批判者としての位置に立った稲川方人の詩の場合でも、原理的には同様である。

だから、七五年に出された荒川の『水駅』が事件たりえたのは、すでに何度となく言及されてきた「口語の時代はさむい」や「世代の興奮は去った」といった詞辞《コピー》のもつ象徴性の故ではないだろう（戦後詩の総体は、こうした数行のコピーによって相対化されてしまうほどチャチではない）。むしろ言葉から内的時間を完全に剝奪し、言葉の表層の美を組織する彼の非＝戦後詩的な書記法が、いきなり完成された姿で現れたことの内に、本当の事件性があったと言うべきなのである。

ここを起点として、その後の詩の流れは、少なくともふたつの分岐の道をたどった。ひとつには詩が〈概念〉化されたことで、作品のなかに、自分はなぜ書くのかという内的必然性を自問する契機が失われ、詩はかつての観念の閉域から感覚の無限定な空間性へと解放されていく。「女性詩」は、まちがいなくこの延長線上に現出したエポックに他ならない。また、もうひとつは大変視えにくい流れだが、この〈概念〉としての詩を殺すことで、詩のポストモダン的状況を乗り越えようとする本質的な試みが、やはり同時期にふかく潜行するかたちで開始されているのを見逃すことはできない。ここでは、瀬尾育生が、現在、最もこの流れを代表している、とだけ言っておく。

「特集」誌面上の八〇年代フット・プリント

創刊五十周年を迎えた雑誌の、一九八〇年代のみを切り取って論じるということは、そもそも何を対象となさねば果たせぬミッションなのだろう。実はこのことを、ここ一週間ほどずっと考えて続けてきた。しかも、それが詩の確固たる商業メディアたる歴史も知名度も高い文芸誌であれば、いきおい評者としては、八〇年代における詩の変転過程やらその詩史的な位置づけやら、詩を取りまくカルチャー全体のパラダイム変化やらの既知のモデルでもって、それを一刀両断したい欲求にかられたというのが正直なところだ。

だが、いま求められているのは、恐らくそういうことではないだろう。私は、一九五九年の創刊以来、一貫して詩壇ジャーナリズムの屈指の担い手だった「現代詩手帖」と、詩文学という生きた表現ジャンルを支えた多くの詩人たちとの個々の即妙な関係性について、いましばらく想いを馳せることから始めたい。

私が同誌を最初に手にして読み始めたのは一九七〇年代の終わり頃だが、その後、詩への関心が深まっていくなかで感じていたのは、それとはまったく反対に、詩あるいは詩を書くことそのものに対する状況的な希薄さ、ないしは空疎な没落感に似たものだった。一九七八年の半ば頃に、当時私がもっとも私淑していた詩人S氏と直接お話しできる機会があったのだが、S氏はその時こんなことを話された。例えば地面に円を描いたとする。その円の内側が詩の領域だとする。しかし、実際は円の外側に広がる世界のほうが圧倒的に大きい。この円のなかで自足しては駄目だ。かつては力のある詩人や有力な同人雑誌が文学の潮流を形造っていった。どちらかといえば商業文芸誌のほうが、それに追随することではじめて成立した。ところがいまや、文芸誌の側が文学そのものの潮流を作り上げようとしているように見える。詩の基点は、あくまで円の外側に見据えなければならない……、といった意味のことをS氏は述べられた。

この、詩の基点の在所としての円の内・外という言い方でいくなら、八〇年代とはひとつの反転がより鮮明に輪郭づけられた時期だった。こと詩に関して言うなら、円の外側は一気に視えにくくなる一方で、円の内側のみが世界大に膨張していった時期、つまりは円の内側と外側とが完全に反転していった時期と捉えられるのである。

雑誌の雑誌たる真骨頂は、ひとつにその時代時代の無意識のフット・プリント（足跡）をみずからに刻印させている点にあるだろう。特に文芸誌の場合、月々の特集企画の内容部分に、それがより高い割合で反映されていると見てよいだろう。そのような目で「現代詩手帖」の八〇年代の目次群を概観してみると、おおよそ三つの特徴あるベクトルの存在をそこに読み取ることができる。

まず目に付くのは、「詩」そのものへの原理的な問いかけをテーマとした特集で、「〈作者〉とは何か」（八二年二月）、「詩とレトリック」（同年三月）、「詩はこれでいいのか」（同年十一月）、「いま、詩をどう書くか」（八四年五月）、「詩の未来へ」（同年六月）、「いま、詩とは何か」（同年十月）、「いまあらためて問う〈現代詩〉とは何か」（八六年九月）といったものである。特に八二年十一月号は、同年の九月に思潮社二十五周年記念として開催された公開シンポジウム「詩のカーニバル／詩はこれでいいのか」を受けた内容であり、このイベントは菅谷規矩雄、清水昶を進行役にして、鮎川信夫、北村太郎、安藤元雄、寺山修司、鈴木志郎康、天沢退二郎、佐々木幹郎、平出隆、荒川洋治の十一名が参加して行われたものだ。いま改めてその顔ぶれを見ると、「荒地」の詩人から六〇年代詩人そして七〇年代の前期と後期をそれぞれ中心的に担った詩人たちを、実にバランスよく配置している。このシンポジウムは、一九六八年四月に、これも同じく思潮社の『現代詩大系』完結と「現代詩文庫」の発刊を期して開催された朗読・講演をふくむ討論会「詩に何ができるか」以来の、十四年ぶりの本格的なイベント企画だった。吉本隆明の有名な講演「若い現代詩」が行われたのも実にこの場所だった。

八〇年代のとくにこの時期に、詩プロパーに的を絞ったこれらの企画や特集が集中している姿は、七〇年代後半に画然と意識されるに至った戦後詩的なものの終焉と、それ以降の詩の方向性を模索するという詩人たちの世代をこえた問題意識が、その背景に共有されていたことを窺わせる。いわば、詩という円の内側から、その内径を皆で計測しようという試みだったと言えよう。

二つ目のベクトルとしては、先ほどはまったく逆に、今度は詩以外のジャンルに的を絞った一連の特集群の存在である。例えば「ニューミュージックの彼方へ」(八〇年十一月)、「日本映画のニューウェイブ」(八一年二月)、「演劇ニュー・ウェイヴ」(八三年四月)、「ジャズ・パワー」(同年五月)、「写真の神話学」(同年六月)、「アート、その最前線」(同年十月)、「アイドル・シンドローム」(八五年六月)、「超＝コミック」(同年十月)、「素晴らしいベースボール」(八七年八月)といった内容だ。ある意味で、これらは詩以外の表現領域をカバーすることで、あの円の内側で詩が自閉していくのを回避するという編集戦略上の強固な意志を感じさせるものである。だが誤解なきよう付け加えるなら、八〇年代に起こった円の内と外の反転現象とは、異なる表現領域が相互に越境しあうといったクロスオーバーな文化の在りようだけを指すのでは必ずしもなかった。もっと芸術表現の根幹に関わる力（パワー）の所在を探り当てるという問題意識として、それはたち現れてきたのである。

これについて、八八年七月号は「現代詩の前線 八〇年代詩人特集」を組んでいるが、瀬尾育生はそこに寄せた文章で、図らずも次のように述べている。――「詩の言葉は、もともと言語の存在の外にある**何か**と接続することによって力を得る言葉だ。それは一定の時代の中であらゆる個を共通につき動かしている力であり、その限定された時代の言語空間の中から見る限りでは隠された力であるような**何か**だ。八〇年代の後半に書かれつつある詩についても言葉は**何か**に接続しようとして隠された、よく見えない仕方で動いている。そしてこの動きのなかには例外なく回帰の様式、時間の円環を迂回する様式が含まれている」（「タナトスの接続法あるいは微細な詩人たちについて」、後に『われわれ自身である寓意』収録）。瀬尾は詩の言葉が、ここでいう「**何か**」へと接続する仕方が、一様に「死と攻撃への欲望」のなかにあると述べ、それがよって来たるところの時間の幅が、正確に二十年を遡らないという注目すべき視座を提示していた。つまり、八〇年代後半の詩は、二十年前すなわち一九六八年以前には原理として決して回帰できないことの必然性を闡明していたのである。瀬尾はここで、八〇年代の詩という円の内部の時空的な広がり、その内径を批評者としては初めて具体的に計測したのだと言っていいだろう。少なくとも、詩とは異なる表現様式とりわけサブ・カルチャー的な領域への編集上のこうした接近には、いま述べたような時代的要請の見えないフット・プリントが反映していると考えられるのだ。

さてベクトルの三つ目としては、〈女性〉性ないしは「女性詩」に関する特集の存在があげられるだろう。ここでも例をあげれば、「〈女〉を読む」（八〇年七月）、「いま、〈女性〉性とは何か」（八三年二月）、「〈女性〉詩と性の複数性」（八四年七月）、「〝女性〟という表現者」（八九年十一月）といったところが目に付く。加えて八二年にはこれら女性詩の拠点ともいうべき「ラ・メール」誌の創刊、さらには八七年の「女性詩の現在」シリーズの刊行や、また九〇年代に入ってからも特集「女性詩最前線」（九一年九月）がすぐに組まれている点などから見ても、「女性詩」はそれじたいが独立したトポスを、たしかに詩の状況として時代の一角に占めていたのだと言えよう。ここで呼ぶところの「女性詩」とは、単に女性が書いただけの詩のことを指すのでは無論ない。新井豊美は、その『「女性詩」事情』（思潮社、一九九四年）の中で伊藤比呂美（たち）が現れてきた時分のことを回想し、彼女らの詩史上のポジショニングについて次のように書いている。――「石垣りん、茨木のり子らの「戦後女性詩」の出発以来一貫して「おんな」というタームの自由と発展をめざして進み、七〇年代に至ってようやくその収穫期を迎えた女性の詩の戦後が、解放への止まる所を知らぬ流れを押しすすめて、自らの性あるいは性器そのものをオブジェとして、他の物たちと同列に、詩というタブロー上に高々と並べた伊藤比呂美（あるいは伊藤比呂美たち）を世に送りだしたとき、ついに「戦後女性詩」という近代性は終焉をむかえたということになるだろう」（「生成する空白」）――新井のこの視点は、「〈女流〉から〈女性〉へ、そして性的な差異のより少ない時代へ」とパラダイム・シフトしていく〈女〉なるものをみごとに一貫して捉えており、正確な指摘と言えるだろう。それにしても、なぜ「女性詩」は八〇年代のフット・プリントたり得たのか。

詩史的な地形図においていま言えることは、詩における〈戦後〉性が退潮していった後の空白に〈女性〉性が代わってせり出しているように見えることだ。まさにそのことは、八〇年代を通して「現代詩手帖」誌上の登場回数では群を抜いているふたりの詩人、すなわち鮎川信夫と谷川俊太郎、このふたりにそれぞれ体現される戦後＝現代詩の象徴的な流れというものの原理上の相剋が、〈女性〉性という流れを呼び込んで成立させた、ある種〝非＝戦後的〟な詩風の総称が「女性詩」だったということだ。もっと言うなら八六年の鮎川の死とともに消えていった詩脈と、逆に谷川俊太郎とともに現在まで生き延びることになった詩脈、これらのふたつの混じり合わない潮流のメエルシュトレエムこそが、その舞台裏には間違いなく伏在していたと思う。その意味で八〇年代の「女性詩」なる現象は、先に述べた戦後詩的なものの終焉を、自らの最大の契機として含み持ったのだと考えていい。

以上、ここまで「現代詩手帖」の特集内容に沿って、八〇年代的な詩の背景状況を展望してきた訳だが、最後に述べておきたいのは、この時代になってはじめて、詩壇ジャーナリズムの状況が詩の社会的動向とほぼ重なり合ったという事実である。一部の自立誌を除いて、「菊屋」「麒麟」といった同人誌の発行形態に代表されるような、そのイベント的性格は、もはや詩にとって円の外側は完全に消滅したことの符牒として、私には当時も今も、映るのである。

〈大地性〉と〈海洋性〉あるいは花盛りの迷宮

野村喜和夫と城戸朱理

詩論を批評しなければならない。およそ詩論というものがいかなる思想的骨格をもって現われても、依然、詩という閉域の内部から発せられた声であることを免れないという点で、それは批評に値する。詩の批評というものが、つねに詩の外部から語られる詩の現実を対象にするのとは正反対に、詩論とはいわば詩の内部で語られる〝夢〟の謂いであり続ける本質をもつ。人間存在がちょうどそうであるように、詩の身体も寒々しい現実だけでは息が永らえないし、また夢だけでもそれは肉を太らすことはできない。夢と現実との相補的な身体であることにより、はじめて詩は作品として実体化する。ならば詩論はどうなのか。私たちにとって、少なくとも詩論は詩の可能性を語るものであって欲しいという意味で、作品という実体からそれは一筋の美の系譜を呼び出そうとするだろう。こうして詩論は詩作品の側から最大限にその養分を吸い上げつつ、あたかも詩の未来の歴史へそれを接続させようと献身的にふるまう運動そのものと化す。

野村喜和夫と城戸朱理、この当代でも稀なふたつの才能にさほどの共通項があるようには見えなかったが、詩論家としてのここ数年のふたりの明らかな共同歩調には、そこにいまだ診断されていない隠れた意思の潜勢を暗示する鳴動がたしかにあった。

『討議戦後詩——詩のルネッサンスへ』（一九九七年）——この一冊の鼎談集こそ、野村と城戸の詩論的モチーフが、各章ごとに呼ばれたゲストの異質な言説さえ自己消化しながら、まさにその共有される焦点像を集約的にあらわにした仕事だった。と同時に、そこに展開された議論は北川透のはげしい批判を呼び起こしもするなど、『討議戦後詩』は従来の戦後詩像に立脚する論者とのあいだで、自らの革新性を著しく際立たす結果を招いたということは言えるだろう。だが一体そこでは何が語られ、また何がそれほど批判されたのか。同書が刊行されてからすでに四年が経過し、私たちはこの問題についてある程度の視点の移動と冷めた距離といったものを確保できる位置にいま立っている。野村喜和夫と城戸朱理、このふたりの異質な個性の共同作業たる『討議戦後詩』がもたらしたこれらの疑問を繙くことから、詩という幻影に対する彼らの熱い思いがいま向かおうとしている未知の囲繞地を、私もまた探っていきたいと思う。

ところで今度あらたに上梓された評論集『二十一世紀ポエジー計画』（二〇〇一年）で、実は野村本人がこの点に関し自らの言葉できわめて明快に言及している個所がある。その部分を引いてみる。

詩とは畢竟、比喩の、メタファーの力であろうか。半ばそうだと認めたうえで、最後の最後にもう一冊、私と城戸朱理との共著『討議戦後詩——詩のルネッサンスへ』（思潮社）に触れることをお許しいただきたい。戦後詩をメタファーの特権や体験の共通性（戦争、政治）に基づく詩の歴史であるとするなら、同時に、全く同じその戦後詩を横断するようにして、別の詩の歴史があるのではないか、それが『討議戦後詩』での問題提起である。討議の出発点を、従来のように「荒地派」にではなく、吉岡実に置いたことがその象徴的なふるまいであるが、正否は読者の判断に委ねよう。

ともあれ、比喩の力を知り、またそれを超えてゆく別の言葉の力を夢想すること。ひとつの詩の歴史から、もうひとつの詩の歴史を引き出し、その線を生きようとすること。私が今後も理論と実践において示したいとねがうのは、そのことをおいてほかにない。

（間律Ⅰ「23　もうひとつの詩の歴史」）

一読して判ることは、ここで核心的なテーマとして求められているものが、「詩の歴史」に深く関わりながらそれをもさらに編み変えていく別様の原理の発掘にあるという点である。事実『討議戦後詩』は、そうそうたる〝戦後詩人〟を扱いながらも一貫してそこに「非‐戦後詩的なもの」の予兆めいた何かを発見しようとする作業であったと言っていい。「詩のルネッサンスへ。戦後詩の上に重なろうとする言葉の非歴史的現在を、そう呼んでもいい。何事も死んではいない。だが、同時に生きているわけでもない。今は、まだ。そして、このルネッサンスは表象のぜんたいに関わるものではあるが、それ以上に詩の言葉の本性に根ざすものでなくてはならないだろう。われわれの前に未聞の荒野がある」（「はじめに」）――城戸朱理のこの声高らかな宣言は、彼等の共有する意志の所在を何よりも明らかに語っていた。そう、「詩のルネッサンス」とは一言でいうなら「戦後詩」の脱歴史化の試みであると同時に、これまで不当に抑圧されてきた詩の「本性」を復興させる試みでもあった。

だがこの本に関する私の現在の見解を言えば、じつにそれは編者たちの企図と実現された構成とが致命的な齟齬をきたしているのではないかというものである。野村も城戸も、そこでは自らの詩論的モチーフをベースにして、果敢に戦後詩の「現在」化つまりその復興をはたそうとした訳だが、そのような彼等の〝詩論〟がひとたび詩の歴史のほうへと越境していった時、この齟齬は化学反応後に残る異物のように望まれずして、しかも必然的に呼び込まれてしまっている感がある。ここに、ある重要な鍵が隠れているように思う。

例えば〝詩の歴史〟と私たちが言う時、ふつうあまり意識されることはないが、そこには出自も年次も異にする複数の詩人たちによる作品の網羅的な体系化ということの他に、本当ならばもうひとつ個々の詩人の生涯におけるそれぞれ固有の創作の歴史、たとえばある詩人の初期作品から中期・後期作品などとして呼び交わされる変遷の跡が同時に含意されなければならないはずだ。だが多くの場合、前者は詩史論としてまた後者は詩人論として、それぞれ独自の領土《フィールド》を形作ってきた経緯がある。実際のところ、たとえそれが理論的にであれ批評的にであれ、このふたつの領土《フィールド》が統合的に記述された例を筆者は知らない。決してそれは不可能な作業ではないと思うものの、これまでの詩史論は多くの場合、傑出する詩人たちの生涯時間における、ある時期の作品経験を特化して切り取るようにその記述を編みあげてきた。そしてそれらは、どちらかと言えば彼等詩人たちの後期作品よりも、むしろ初期・中期の作品を中心にして語られる傾向があった。

このことは決して理由のないことではない。というのも、ひとりの詩人の作品が歴史的な身体性を帯びる時とは、彼等のアドレセンス期における〈出自〉を準備したであろう現実経験からのさまざまな制約要因が、逆に作品の本質として歴史的なディスクールのなかへ還元的に語られるという批評の結果としてであり、そうした作業はこれら言ってみれば彼等の宿命的与件への闘争と抗いの結果もたらされるその脱歴史的な〈成熟〉とは正反対の位置にあるからである。そして『討議戦後詩』が、自らとりあげた詩人たちの初期よりもむしろ中期から後期にわたる作品や詩集のほうに重点を置いて構成されているのは、決して偶然の所産ではないだろう。章立ての一番最初に吉岡実が持ってこられたということの象徴性以上に、私にはこのことが彼等の詩論にとっても象徴的なことのように映る。「吉岡実がそのようなメタファーなりエクリチュールの枠なりを中期からどう変えていったのか、あるいはどのようにしてそこから抜けていったのかということが吉岡実の作品の歴史としても、あるいは戦後詩の歴史としてもスリリングというか意義深いドラマがあると思うんですね」と野村はそこで述べているが、ここに吉岡実という傑出した詩人の個的な成熟の意味を、そのまま戦後詩の歴史の変転する意味へと無媒介に同致してしまう彼の思考の特徴的な痕跡が明瞭に見てとれるだろう。

野村喜和夫の詩論における重要なキーワードは何かを考えるとき、私はそれが言語的大地性を言いあらわす「ガイネーシス」という概念ではないかと考える。彼の評論集『散文センター』(一九九六年)には、この「ガイネーシス」に関して、彼が鎌倉の美術館で西脇順三郎・生誕一〇〇年の詩画展を観たさいの印象深い記述がある。「ひととおり見終えて外に出たとき、何か途方もない詩の行為の〈歴史〉を時間旅行したような眩暈に襲われた」として、続けてこう書いている。

(…)それは通常の作品史や詩史とはどこかちがっていた。詩的モダニティの履歴そのものとしての西脇詩の歩みでありながら、その歩みがいつのまにかそれ自身を越えてトランスモダンな広がりをもちはじめる〈歴史〉、とりわけ、戦後詩史とはたえずねじれの関係を作り出しながら、いまやその詩史に先回りするようにして、ありうべき詩の未来へと消えている見慣れぬ〈歴史〉——。

(詩的積分「4 ガイネーシス/限界/回避」)

彼が感じたというこの「眩暈」の感覚は、おそらく本当だろう。何かとてもよく解る気がする。「トランスモダン」という彼独特の言い回しが生まれた背景にも、その根底にはこうした「眩暈」の経験がいくつも伏在していたのではないだろうか。つまり「トランスモダン」とは時間と空間の多義性を呼び寄せる「実践の場」ということであるらしいが、「「移動」であり「翻訳」でもあり、「陶酔」の空間でもあるという、そうした「トランス」の複数の意味が交差する地点」を、ゆいいつ詩の近代性を越え得る前未来的な舞台として構想したことの核心には、例えば西脇やその他の詩人の作品に対する野村本人のこうした〝トランス体験〟が、動かしがたい原体験として拭いがたく埋め込まれていたのではないかと考えられる。そこで出会われたミューズはたぶん彼に新鮮な驚きと感動をもたらす一方で、その体験内容はこれまでの「戦後詩」といった狭苦しい枠ではとても括り取れない、それ以上の豊かな広がりを持つものとイメージされたはずである。

ここに「ガイネーシス」の概念が呼び込まれる必然性があった。その意味で、野村の評論集『二十一世紀ポエジー計画』の巻頭「起柱」の章に収められた「彷徨う木」というタイトルの講演録はなかなか興味深い。〈大地性〉に関する彼の原モチーフが、ここにはとても明確なかたちで集約されているからだ。彼はここでハイデッガー的な「大地性」というものを周到に回避しつつ、自らの「ガイネーシス」について語っている。

で、そろそろ詩の問題に結びつけてこの撞着語法——「彷徨う木」——を語ってみることにしましょう。まず木ですけど、木は、大地に根を張るというそのあり方によって、たとえばハイデッガーの言う言葉の原郷性、詩的大地性に結びつきます。ここでハイデッガーの立論に詳しく触れている余裕はありませんが、そういうものに結びつかない詩というのは、きわめて痩せた、面白味のないものとなりがちではないでしょうか。

ひとまずそういう認識があって、しかし反面、ハイデッガー的な意味での大地性が民族的なもの、もっと言ってしまえばファシズム的なものと結びつきやすいのも周知の通りです。私はよく詩的ガイネーシスということを言うんですが、ガイネーシスというのは大地の女神の名前ガイアからつくられたタームで、まあ、詩を生み出す力一般としての女性的な大地性ですね。ハイデッガーを薄めたい、あるいはずらしたいわけです。（…）概念の系譜や定義はさておき、肝要なのは詩的想像力でして、それはいわばわれわれをある意味で女に生成変化させるわけですが、同時にその生成の流れは、有限の差異である性差を突き抜けて、無限の差異を含む多様性のうちに開かれるものではないでしょうか。そういう流れを詩的言語に促す力をこそ、私は詩的ガイネーシスと呼びたいと思うのですけれども。

（起柱「彷徨う木――詩のトポスを求めて」）

こうして暗喩化された「木」のイメージには共感する。大地にふかく根を降ろし、地上においては天に向かって幹と枝とをいっぱいに張りつめる樹木のイメージに仮託して、これまで私も詩的なるものの描像を考えてきたという経緯がそこにはあるからだが、さらにそれが「彷徨う木」でなければならないところに、いかにも野村的なテーマが露出している感がある。「ただの根無し草、故郷喪失者というのではなくて、また風土や土着やナショナリズムに傾きすぎていない生のあり方」の比喩としての「彷徨う木」を語ることで、しかし野村が本当に「ずらし」たかったのは、果たしてハイデッガー的な大地性というような今となってはほとんどリアリティーすら感じられない熕んだ理念だったのだろうか、という疑問が湧く。

詩的想像力をその固着した地面に囚え、みずから移動する自由を奪うハイデッガー的大地性とは、実は彼にとってわが国の詩的モダニティーの全領域、とりわけ「戦後詩」という領域化をこれまで甘んじて受けてきた二十世紀後半のわが国の詩史の全体のことを言いたかったのではないのか。いや、絶対にそうでなければならないはずである。

詩論的な主張としてこれを読むなら、この脈絡は決して分からないではない。例えば新体詩以降現在にいたるまで、常に日本の伝統的詩情とヨーロッパからの外来思潮とのせめぎあいの中から自己形成を果たしてきたわが国の多様な詩文脈の総体は、確かにここ五十年と年限を区切ってみても「戦後詩」というタームのみでは総括しきれない豊かな表情を呈してきているのは事実だからである。しかし問題はその先にあるだろう。詩の言語がそうやって積み上げてきた表現的な美質のストックを、詩文芸の未知の系譜として新たに救いあげようとする動機そのものの成否は別にしても、そのために「戦後詩」という歴史的な実体をもつ詩の経験の総体を、意図的に別様の時間軸のほうへ「ずらす」という戦略が本当に有効なのかどうか、という問題である。詩というものの歴史性、いや正確に言うならここ五十年の間に私たちの詩が孕んだ〝戦後性〟というものに関する本質的な問いが、ここには投げかけられていると言っていい。

「われわれは復興されたアレクサンドリアの大図書館の書架をさまよいながら、歴史の桎梏から切断された戦後が、今や歴史の顔つきをし始めていることに気づかざるをえない」――城戸朱理が「戦後詩を滅ぼすために」といういささかパセティックな主題のもとに書きつないだ一連の論考——それは「現代詩手帖」一九八七年十二月号の詩誌展望「戦後詩を滅ぼすために」から始まり、翌八八年の「手帖時評」を中心に書き継がれた——を目にする時、私がまず真っ先に覚える違和感がある。〝戦後性〟とはいかようにも動かしがたい歴史性の別称としてこれまで意識されてきたし、またそのことには充分な根拠が認められるにもかかわらず、ここで前提される史観とはさても奇妙な事態ではないのか、その「戦後」がひと度とはいえ「歴史」から切断されてあったとは！

「戦後詩」の経験をちがった時間軸のほうへ「ずらす」という理論的営為において、ここ十年程のあいだに城戸の果たした役割は抜きんでて大きなものがある。『討議戦後詩』は、その意味で彼の主張と構想とが第三者との関わりのなかで最もシビアに試される実践の場でもあったと言えるだろう。とは言っても「戦後詩」に関する彼の論理は、その基本の部分においてそれ以前からも以後においても見事に終始一貫していた。すでに八九年の時点で、彼は次のような独自の視点を明確にしている。

> 「戦後詩」と呼ばれるものが、一九四五年を境界とする単純かつ明快な時期上の与件によって成立する区分ではなく、四十年に及ぶ書くことの心理的土壌たる理念として持続したのは、「戦争」それ自体を対象として、その余波のうちにそれ以後の詩作が位置づけられたからでは、断じてない。（…）「「荒地」の行き方」が「暗さと無力感」という文明崩壊の現在にこそ直面しようとするものであるかたわらで、「現実をなおものりこえていく観念の世界」が「明るさと力づよさ」あるいは「若々しさ」といった肯定的な活力に裏打ちされ、生命の横溢が明日という未来にこそ展開される瞬間を詩が昂然とページにと

どめたときにこそ、われわれが知るところの「戦後詩」が生誕することになる。そこでは「死」という語彙は、生死の循環のうちに、再生の願望を滲ませるものへと変わり、「兵士」という言葉はいささか現実感を漂白された比喩《メタファー》に転じ、「明日」という詩句が、当然、あるべき現実として書き記されていく。とりあえず奪われることのない未来という時間への信頼を、廃墟を目の前にしながらも紙上に賭けたとき、まさに詩における「戦後」が始まったわけである。

（「光の下に、廃墟から　健康の都市1」、『戦後詩を滅ぼすために』所収）

「戦後」という時制はここで明らかなように、彼にとっては文字通り「戦争」終結後の一時期にもたらされた詩的感性の開放という事態を、その枢要な契機として持っていた。引用文中にある「現実をなおものりこえていく観念の世界」という章句は飯島耕一「シュルレアリスム詩論序説」からのものだ。そしてたびたび彼が言い及ぶ五〇年代以降に詩的出発を成し遂げた詩人たち――飯島耕一をはじめ堀川正美、吉増剛造といった詩人たちの世代からその詩における「戦後」は開始されている。「白紙状態《タープルラーズ》への意志」こそが、そうした営為の戦後性を保証する中心の機制とされたのは、だからむしろ当然であった。十五年戦争による敗戦の傷跡とその後の廃墟の世界は、そこでも決して消滅していた訳ではない。ましてその歴史が削除された訳でもない。ただ「自分自身が、作ったものではない廃墟に、何ら積極的な責を負う必要を認じることがなかった詩人たちは、いわば廃墟を目前にするがゆえの自由というものを掌中」にして、「古色蒼然たる反古ではなく、紛れもない白紙」に向かう。そうやって書き始められた一群の詩篇こそが「戦後詩」であり、「書くことの始まり」をこのように保証された時、彼等にとってついに「「戦後詩」とはいかなる枠組でも」なくなったのだ。

城戸朱理のこの「戦後詩」理念の核心を言い当てる最も至当な表現をさぐっていくと、私たちは我知らず導かれるように「海洋性」という彼の語彙へごく自然に行き着くだろう。「海洋性」——これを野村喜和夫の女性的「大地性」の概念たる〝ガイネーシス〟と対比させるなら、さながらこちらは男性的ロマン性を内に秘めた〝ポセイドニス〟という呼称になるだろうか。詩における新たなる空間と時間とによって織りなされるというその「海洋性」について、彼はこう述べている。

海洋性への希求。それは私のうちにも癒し難い衝動として確かに存在するものであった。しかし、それは楽観的な希望として語られるべき種類のことではないし、さらには、次に来たるべき詩法として認じられるべきものでもない。確かに海洋性は、詩によって招かれつつあるもののようにも見える。だが、それは詩を書く者にとっての救済でもなければ、詩にとって、方位を定めるための指針でもありえない。

(…)

遠い何者か、遠ざかる何事かとしての海洋性。それは、今、われわれの目の前にある。それは空間の広がりとして現前しながらも、時間でしかありえぬもの、無限の変化のうちに永遠を嘲笑する空間性と、永遠の仮象としてありながら、なおも不変と不滅を容認せぬ時間性そのものに、始源において与えられた〈名〉にほかならない。

(「海洋性」、前掲書)

そして忘れてならないのは、城戸にとって最大の危機感をもって捉えられていた事態が、詩の無窮の揺艦たるこの「海洋性」を原理として出発したはずの「戦後詩」が、自らの持続のなかで飽和し、その解体もままならない中でひたすらその延命を歴史化しつつある現在状況にこそあったことである。だから詩の危機の一切は、彼にとってすでに荒川洋治、平出隆、稲川方人等によって担われた所謂「七〇年代ラディカリズム」のうちにすでに萌芽し、その後の時間的推移のなかで一層それが先鋭化した事態として意識されていた。「戦後詩を滅ぼす」という彼のモチーフは、これら「戦後詩」をいま一度〝白紙還元《タブラ・ラサ》〟したうえで新たな「海洋性」へと自らの詩作を接続させようとする理路をも示している。

私たちはいまひとつの結論を導きつつある。ここまで来て私たちは、おなじ「戦後詩」という述語を用いつつも、そこに野村と城戸がそれぞれ込めた意味合いはこのように随分と違っていたことを了解する。野村がそれを「荒地派」をも含めた詩脈で歴史還元的にこれまで語られてきた詩の批評概念全般をさして言うのに対し、逆に城戸は外部の歴史から刻印された要素をすべて〝白紙還元《タブラ・ラサ》〟した後の自由さを獲得した詩作原理全般をさす理念として、「戦後詩」という言葉を使っているからである。ここで二人に共通しているものは必ずしも表現的な思想なのではなく、ともにここ五十年ほどの私たちの詩の歴史のうえに拭いがたい影のように纏わり付いてきたあの敗戦体験の呪縛、もっと言うならあの戦争での死者たちの恐ろしい影像を、詩論的にも詩史的にも〝白紙化〟したいという強固な意思間の相同性だったと言っていいだろう。

もし「戦後詩」、それもこれまで「荒地派」を起点とし、あの敗戦体験から長く伸びる死の影のなかでさまざまに論じられてきたわが国の現代詩の〈歴史〉というものが、経験的にも実体のないイデオロギーの係累のようなものであったとしたなら、『討議戦後詩』で存分に披瀝された彼らの詩論的な戦略・戦術は、非常に有効な批判性を持ち得たはずである。事実、あからさまにイデオロギッシュな構成意図によって編まれた「戦後詩史」なるものも世の中には存在する訳で、そうしたものに比べれば野村と城戸の一連の仕事はそれの数十倍もの重みがあることは疑いようがない。だが厳密に言うなら、彼等のこうした共同作業が、わが国の戦後の詩の「歴史」を本当に新しく語り得ていたとは私には思えないのだ。

詩の「歴史」とは、年次ごとに編まれた詩集や詩作品の記録的データのことを指すのではない。先回りして言うなら、私たちにとっての詩の「歴史」とは、私たちが出会った取り替えのきかぬ経験としての〝詩的記憶〟――その新たに掘りおこされた時間内容を、実在の詩集や作品またはその詩人たちの名前で織りなした記述の系のことを一義的には指す。それが文芸の歴史でありながら現実の歴史と同等以上の重さを私たちに持ちうるのは、そこに一貫して織り出されるのが、それら書かれたものにとって恣意的な図柄ではなく必然だったものの文様、つまり言葉における美的技能の成果であるよりはこう言ってよければ時代の宿命によって鍛造された個々の言葉の修練の様相だからである。

「彷徨う木」のイメージで野村喜和夫が語ったように、私も詩作品というものを一本の樹木の比喩で捉えることが可能だと思っている。だが私の木は決して彷徨わない。この場合、木が深く根を張るその大地こそは、ハイデッガー的な大地性といった観念的表象とも無縁の、みずからの出自が否応なくそこに極限されてある歴史性そのものの謂いだと捉えたい。そして地上部分における幹から枝、枝から葉、そして花――この顕在的な可視部分の多様な豊かさと、地下に根を張る不可視部分の対照的な暗さ。詩の歴史を語るとき、地上の葉と花の部分の変遷の相でそれを語るか、地下の根の動かしがたい出自の相でそれを語るか。恐らく詩の本当の歴史は、根の沈黙として掘り起こされるべき何物かであると私は考えるが、それはさておき、ざわめく葉とはなやぐ花の饒舌としてそれが系譜化される時、そこに茫洋と映し出されてくるのは詩の〈歴史〉ではなくむしろ詩の〈季節〉の移ろいの相なのではないのか。

「大地性」と「海洋性」――これら世界を作りなす二大要因をはからずも野村と城戸は自らの詩の生成原理に置いて、過去これまでの、そしてさらに前未来的な詩の〈歴史〉さえ語ろうとしてきた。ガイアとポセイドーン、だがもし古いこれらの神々の名が現在もなお何がしかの霊感を私たちに与えてくれるなら、詩の〈歴史〉を司るであろうその神の名は、地底においてどこまでも根の記憶に親和し続ける冥府の神・プルートーンでなければならない。そう私は考える。

「戦後詩の森を抜けて」――『討議戦後詩』の掉尾を飾るこの章題はとりわけて象徴的ではないだろうか。「戦後詩の森」を抜けたら、そこは一面に花々が咲き誇る言葉の沃野、詩のアーカイブズとしての記憶装置、その進むべき方位さえ定かではない〝花盛りの迷宮〟だったとしたら。

幻影する黒船、あるいは詩的二〇〇〇年代へ

展望するにしろ回顧するにしろ、およそ時間を垂直方向に切りとらねばならない作業については、日々の感覚的な時間意識とはちがう仮想された時制がどうしても必要となってくる。その時制をかりに私は〃詩的年代〃とこれまで呼んできたが、その呼称はかつて菅谷規矩雄が自らの同時代の詩と詩人を「詩的60年代」として括り取ったことの因縁によっている。九〇年代は確かに終わった。しかし〃詩的九〇年代〃はほんとうに終わったのか？　こんな問いかけが、いま私のなかには残響している。

千年紀《ミレニアム》の最後の百年が閉じていくこの時節の裂目にあって、同時に私にどうしても幻視されてくるのは、百年というこの歴史時間が孕んだ所在不明の記憶の澱のようなもの、あるいは治癒することも不可能なとり返しのつかない傷口の鈍痛のようなもの、すなわち私たちが〃近代〃という時制でこれまで語ってきたしあるいは語ろうとしてきた一切の事象の光と影、それなのだ。奇しくも今年刊行された詩論集はどれも詩史論的な傾きを持ったものが多く、この一年間の展望であるはずが計らずして近=現代詩の来し方を一度に眺望するかのような作業印象を私に残すことになった。これは偶然にしてはあまりに不思議な暗合と言うほかはない。

北川透は『詩的90年代の彼方へ』と『詩の近代を越えるもの』（ともに思潮社）の二冊の評論集を相次いで刊行したが、ここには明治・近代から戦後・現在にまであい渡る詩論的な関心から発して、その歴史の集約点としての九〇年代というものを、どこか醒めた視点から非＝詩論的な関心のほうへと接続させようとする筆者の、無意識の意図をつよく感じた。そうは言っても前者『詩的90年代の彼方へ』の副題が「戦争詩の方法」であることは、私にとって大いに示唆的であった。ここでいう「戦争詩」の戦争とは主に九一年の湾岸戦争を指している。がしかし論そのものの力点はむしろ後半の「方法」に置かれていたと見るべきであろう。なぜなら湾岸戦争とは私たちにとって、現実の事件というよりマス・メディア的な情報環境として到来した戦争に他ならなかったいきさつがあるからだ。彼が「鳩よ！」九一年五月号の特集「湾岸の海の神へ」と、そこに参集した詩人や作品をいっきに刺し貫くことができたのも、そこに一筋縄ではいかないマス・メディアのなかにおける詩の戦略性つまり「方法」という視点が、彼のなかにしっかりと保持されていたからである。この戦略性（方法）が見失われた時こそ、「おいしい戦争詩（＝反戦詩）」は書かれうる。だから当時、瀬尾育生と藤井貞和とのあいだで戦わされた湾岸戦争詩をめぐる一連の論争も、〈文字所有者〉対〈声所有者〉という方法上の対立へとモチーフ化することが北川にのみ可能だったのは故なきことではない。もっとも彼は「詩的90年代の行方」において「七〇年代後半から八〇年代を通して（…）戦後の現代詩の枠組みがこわれた」とし、その指標を「一、女性詩の出現／二、ポップ詩の流行／三、戦後詩人の沈黙と死／四、ポスト・モダンの潮流／五、ポエム派の台頭」に見ようとしている。そして「時代の感性の非人称的な仮構としてのポエムと、時代の全体的な喩としての現代詩が溶けあうところ、そこに意外に九〇年代へ伸びる詩の可能性の一つがあるかもしれない」と述べている。二〇〇〇年の現在から見て、北川のこの見取図はなかば当たってなかば外れたという印象を私は持つ。詩と詩でないものとの境界があいまいになる「非中心化」は確かに九〇年代を通して言葉の次元では著しく進行した。しかし逆に「詩」と「ポエム」はその形態においてむしろ二極化の道を辿ったと私には映るからである。

さて私はつぎに後者『詩の近代を越えるもの』について言及すべきところだが、その前にどうしても触れておかなくてはならない一冊がある。近藤洋太『〈戦後〉というアポリア』（思潮社）がそれである。同書ははっきりと「戦後五十年」の回顧をそのモチーフに置き、「それまでの詩（＝戦前・戦中の詩——引用者注）との大きな断絶としてあった半世紀にわたる戦後詩史を、根底から問いなおしてみるよい機会」として企図されたものだ。久々に私は重量感ある批評文に接したときの充実した読後感をこの本に覚えたが、この評論集の意義は、その対象を詩誌や詩集にのみ限定しない時評スタイルをもって、かえって詩と情況の両面から〈戦後〉という時制、ひいてはそこに潜在する「近代」主義そのものを根底から疑ってみせた点である。そしてテーマごとの各論的な掘りさげよりも私の関心を引いたのは、あの阪神大震災と地下鉄サリン事件が相次いで発生した九五年にこの時評群が書かれ、さらにこの年があの敗戦からちょうど五十年の節目に当たったことで、近藤がこのふたつの事件をそれ以上の象徴的な「黙示」として受け取っているその身ぶりであった。「私はそれを戦後という「近代」を問う偶発的な災害であり、必然的な事件であったと考えている」と彼は書いている。そしてこの点は私もまったく同感だ。この本のもつジャーナリスティックな刮目点はと言えば、彼が「古本屋文化」と「ぱろうる文化」とを「そのまま戦後詩と戦後詩以後の時代に対応」させて捉え、その分岐点を六八年から開始される「現代詩文庫」の刊行のうちに看取していたことだろう。つまり七〇年代初頭にはすでにかなりの数が完備されていた「現代詩文庫」は、皮肉にも「戦後詩」を平準化させカタログ化したと彼は述べている。だがむしろ私は彼を襲った非ジャーナリスティックな契機のほうにこそ、より強くコミットしたい気持ちにかられる。

思うに戦後とは、死を隠蔽し、回避しつづけてきた時間ではなかったか。私もまた戦後という「近代」を享受してきた。だがもういいのではないか。人智を超える災害が襲ってきたら、潔く運命をゆだねるしかないだろう。どんな自然の脅威にも打ち克てるという思いあがりは、いい加減にやめにしたらどうか。

（「「現代詩文庫」の功罪」、25～26頁）

私は個々の論点に関し必ずしも同意できない部分がいくつかあるが、近藤のこの「潔く運命をゆだねる」というどこか開き直りともとれる精神の謙虚さには共感する。この謙虚さこそが、詩の外部性の視点をはじめて可能ならしめた発端であり、事実それは日本という共同社会を襲ったこの百年間の外部性の経験を、にぶく全身で受け止める精神の強度のようなものさえ彼の文体にもたらしているからだ。思えば阪神大震災や地下鉄サリン事件に止まらず、湾岸戦争もあの十五年戦争での敗戦体験もすべてわが国の詩にとっては予見すらできなかった外部性の経験ではなかったか。近代以降の私たちの詩の歴史は、いつもこうした外部性の〝黒船〟――その畏怖する幻影に出会うことで分断され、折れ曲がり、時に致命的なまでの変質さえ余儀なくされてきたのではなかっただろうか。〈戦後〉が近代のアポリアであるという意味も、私はこうした位相ではじめて了解しうる気がする。そこでなお詩が詩であるべき条件とは何か。『詩の近代を越えるもの』の「あとがき」で、北川透は「近代、しかも、日本という特殊な、あるいは日本語の近代という特殊な制度、枠組みの内部で生きることを強いられている詩や批評が、それにもかかわらず、個別的な場で表現として、そこから越境してしまうのはなぜなのか、そこにはどのような視えない力が働いているのか、それを見極めようとするところに、わたしの関心はいつも動かざるをえないのである」と書いている。ここで問われているのが、私たちの詩が〈近代〉の百年を経、次の千年紀《ミレニアム》においてもなお詩であるべき基層の条件であることは、疑いがないように思う。同書冒頭の「垂直的思考をめぐって――北村透谷「国民と思想」について」は、彼が透谷という明治期の傑出した個性を通じ、正面からこの困難なテーマに理論的な骨格を与えようとした論考のように私には読めた。黒船の来航という「国外の警報」（蘇峰）を発火点にして燃えすすんだ明治維新は、政治過程であると同時に「国民的精神」（同）の統一と「日本国てふ観念」（同）の立ち上げという国粋思想形成の最初の転形期でもあった。当然のことながらその同時代に生きた透谷にとっても、〈国家〉とか〈国民〉が緊要な課題になったのは言うまでもない。そして透谷は評論文によって徳富蘇峰ら彼の敵対者たちの思想を「地平線的思考」と呼び「平坦なる真理」であると批判している。彼の「国民と思想」は明治二十六年にそうした経緯で書かれた評論であって、その根本の思想は、文学を大衆教化の手段となしその内容を国民的テーマへ限定しようとする当時の国粋的勢力に対し、わが国の〈国民〉像を自由な〈個人的精神〉のうえに独自に描き出そうとした点にあった、というのが北川の理解である。さらに続けて彼は述べている。

その上で、透谷が言いたかったのは、先にも引用した《請ふ刮目して百年の後を見ん。》という、《百年の後》から射してくるような垂直的な視線のことだろう。あなたがたの論理は、《人世《アース》の境域》にばかり関心を奪われていて、《百年の後》からの視線に耐えうるか。その問いの前に立ちつくしている透谷が期待するものは、蘇峰が拠っているような排除の論理ではない。繰り返して言うことになるが、それは〈過去〉と〈交通〉の勢力が、欧化と国粋というような固定化した二つの立場で争い合うような衝突ではなく、思想の流動、混沌を生みだすような《撞着》であり、その中から醸成さるべき《創造的勢力》なのである。

（「垂直的思考をめぐって」、32～33頁）

私たちはいま、透谷が言うその「百年の後」の位置に立ちつくし、創造的であることの何たるかについて、透谷ほどに見通しがついている訳では決してない。それは具体的個人の具体的作品言語のなかに探っていくしかないものだということを、この本は萩原朔太郎、三好達治、中原中也などの個性的な詩人論を通して、私たちに繰り返し伝えている。

新井豊美『近代女性詩を読む』（思潮社）は同様に近・現代詩史を扱いながら、「女性詩」という切り口からあらためてこの百年の歴史を鳥瞰したものである。与謝野晶子『みだれ髪』の刊行年次が明治三十四年（一九〇一年）で、ちょうどこの百年間のはじまりにそれが位置している事実が暗示するように、私たちの詩の歴史の重要な一端はこれら女性によって担われてきたという自明な前提をこの一冊は初めて体系的に明らかにしようとした点、これまでに例を見なかった試みだと言ってよい。巻頭で彼女はこう述べている。

だがこの五十年ほどをふり返ってみても、女性の表現がさまざまな壁に直面し、それを乗り越えることで詩の自由を獲得していったことは言うまでもないことで、それらのうえに現在の水準と自由があり、しかもそれらもまた過去の多くの詩人たちの達成の積み重ねによってもたらされていることを忘れてはならないと思う。まして二十世紀というこの百年間の女性の詩の時間を思うとき、わたしたちはあまりにも過去に無関心でありすぎたのではないだろうか。

（「はじめに」）

むろんこの指摘はそれ自体としていささかも否定すべき内容ではないが、すぐに次の疑問が湧きあがってくるだろう。つまり「女性詩」という時、それは批評対象としていったい何を指すのかという問題である。これについて新井豊美は「おそらく「女性詩」の問題はすべて、女性であることの「内容」と「形式」というこの二つの問題に集約されてくるにちがいない」と書く。私なりにこれを理解するなら、「内容」とは女性としての実存的課題そして「形式」とはその表現的課題ということになるが、例えば与謝野晶子においてなぜ『みだれ髪』に代表される「歌」と「山の動く日」に代表される口語の「詩」とが溶け合わないまま「裂け目」として併存し続けたのか。そのことを、明治四十年代から本格化していく言文一致運動を背景に、彼女の表現者としての美意識の洗練への志向が、生活者としての現実経験への志向との間で収拾不可能になった「二重性」の結果だったと論証したくだりは、真に見事である。

ところで私たちはあの敗戦を境に、戦前・戦中のそれまでの詩と、それ以後の戦後の詩とが、水と油のようにまったく解離した存在だと常識づけられてきてはいないだろうか。それは決して理由のないことではなかったにしろ、これまで両者の断絶をいう詩論はたくさんあってもそれらの連続をいう詩論は決して多くはなかった。岡本勝人『ノスタルジック・ポエジー――戦後の詩人たち』（小沢書店）は、その数少ないモチーフで書かれた詩人論集である。この場合の鍵を握る詩人は伊東静雄という設定になっており、彼の戦前・戦中の詩集と戦後のそれとの間にある抒情のトーンの大きな落差を観想しながら、なおそこに通底しあう彼の詩の実体を追いかけた内容である。そしてそうした作業の延長線上に鮎川信夫も田村隆一も石原吉郎も北村太郎も位置づけられる構成になっている。岡本勝人は「伊東静雄の戦後を含めた詩業と存在は、日本の近代詩から現代詩を架橋するものとして、ひとつの可能性を包摂しているといえる」（「伊東静雄」、43頁）と述べ、さらに「「コギト」や「日本浪曼派」を戦争とあわせて断罪することによって詩人の業績を否定するのではなく、ひとつの時代を生きた詩精神が、詩を登場させる対象をいつでももち、その対象に規定されながら詩作するという点に注目すべき」（同、33頁）であると述べる。だがその場合「ひとつの可能性」として問われるべきはあくまで詩論的なそれではなく、詩作品の実態に即した批評的な可能性のほうでなくてはならないだろう。

この本で岡本が採った方法は「ノスタルジー」ということを鍵《キー》概念にして、戦後へと生きのびた詩人たちの心情の物語を紡ぎだすというものであった。つまりそれは批評的というより物語的な手法であって、結果、「三島由紀夫を伊東静雄の陽画と見れば、吉本隆明は、伊東静雄の陰画として生きている」（「現代詩のはじまり」、329頁）というような観念的言説が発せられることになる。それを可能にしているのがこの「ノスタルジック・ポエジー」という架空の地平であることは言うまでもないが、そこに批評的な可能性というものを私はほとんど感じられなかった。しかし戦後の詩の日常が「ニヒリズム」であるという彼の指摘には留保ぬきで賛同できる。この「ニヒリズム」を積極的に生きた果てにしか〝詩的二〇〇〇年代〟の詩はなく、またそれを引きずる限り〝詩的九〇年代〟も終わりようがないというのもまた自明のことがらに属すると思われる。

幻影する黒船――来たるべきそれが何かをいま言うことはできないが、でもそれは私たちの詩に外部性の経験というものを想定する限り、必ず訪れる生々しい「裂け目」なのだと考えなければならない。詩史的な関心が、過去に「裂け目」だった言葉の体験を不器用に縫合するだけの営為にすぎないにしろ、それは私たちの詩が良くも悪くも変質していくための、必要にして不可欠な条件だということは言えるだろう。言葉の体験の深層における変化とその微候とを同時に捉える、それはささやかな発端となる筈である。

批評の小径《クリティカル＝ライン》　詩の新しさの価値について

Ⅰ　絶対詩学への展開

（1）絶対数学と絶対詩学

絶対数学とは数学における究極単純理論のことであり、それは発見さるべき対象であって、現在では理論上の希望として言われる場合がほとんどである。一元体を根底とする統一理論とこれを定義すれば、一元体とは分解していけば「1」がその根底をなす基礎単位として見出される数論へと帰着し、数学のほぼ全領域をカバーしうる普遍学としてこれを構想することができる。物理学における統一場の理論との相同性を指摘される理由もそこにある。

そもそも「数学」のプリミティブな四分野とは、「数論」「音楽」「幾何学」「天文学」であった。数学者の黒川信重はこれらを題材の違いによってさらに整理区分している（『絶対数学の世界』二〇一七年、青土社）。まず題材が「数」である場合と「量」である場合に分け、つぎにそれが「静」の状態にあるか「動」の状態にあるかで分ける。すると表1のようなマトリックスが得られる。

	静	動
数	数　論	音　楽
量	幾何学	天文学

表1

	静	動
質（言葉）	詩　学	詩　論
量（作品）	詩　史	批　評

表2

この配置図から、私は究極単純理論としての文学形態分析理論の可能性を受け取ることになった。もし絶対数学に対応する位置に〃絶対詩学〃の発見が構想されるとすれば、まずそれは〈言葉〉という一元体を根底とする統一理論として、最低限、俎上にあげられるべきものとなるだろう。その場合、マトリックスは表2のように書き換えられるはずである。

両者の差分について若干の補足をすれば、表1における「数」が表2では「質（言葉）」に当たっている。前者が抽象的な基礎単位としての「数」概念であることから、後者におけるそれも同様な格付けのもとに、「質」としての『言葉』（以後「質（言葉）」と表記）という基礎単位を設けることになった。

「質（言葉）」は、どこまでも抽象的な単位であって、音声言語であるか文字言語であるかはここでは問題とされない。同時に、ラングとしてその実在性を経験化しうる個々の民族語を指すのでもなければ、記号として顕在化される明示機能の社会的なコードでもあり得ない。いうならばそれは、文学言語の普遍的な基礎単位として想定しうるひとつの抽象物であり、最も至近する表象としてはベンヤミンによって先鞭をつけられ、その後、瀬尾育生が概念として発展継承させた「純粋言語」（『純粋言語論』）に相当するものである。

「量（作品）」については多くの説明は要しないだろう。人類史において過去（未来）に蓄積された（る）言語芸術作品の総体というほどの意味で使われれば十分だと思える。無論、帰属する民族語もその通時態をも異にする言語芸術のすべての成果が私たちの経験内部にストックされているわけではなく、「バベルの図書館」（ボルヘス）のように宇宙的なレコードとして仮想される全体性のことだと考えればよい。

「数論」（表1）に対応しているのが「詩学」（表2）であるが、本来、両者は厳密な〝形式の学〟であるという点で共通している。「数論」は絶対数学の起源に位置するものとされ、その場合、特に重視されるのが素数理論である。「詩学」は現在、「数論」ほどに純粋な形式性（アルゴリスム）を保っているとは言い難いが、その本質部分においては文学形態を定義する原理性そのものを対象化するという重要な役割をになう。筆者はまさにこの分野で、素数理論がその比喩機能を存分に発揮して、文学形態の原理的な分析にまで共振しうると考える者だが、この点については後述する。

「音楽」（表1）と対応するのが「詩論」（表2）である。「数論」や「詩学」が無時間性のうえに立脚するのに対し、「音楽」と「詩論」はともに時間性のうえに立脚するという点が両者共通である。「音楽」を構成する原単位を人工的な器楽音とするとき、数学的な諧調（調和級数）がそこに含まれていることは広く知られている。個々の楽器の奏でる音（基音）の波形が、そのすべての倍音によって構成されるからだ。このような器楽音を時間線上にハーモナイズさせる表現形式のことを「音楽」と理解すれば、その写像は時間そのものを数理的に再現した精緻なプログラムとして抽出しうるだろう。同様に純粋な形式の学として「詩学」のもつ原理性は、それが時間内部における主体的な運動として、創作意志を構造化するとき、「詩論」への転換が図られるとの解釈が可能である。

「幾何学」（表1）と対応するのが「詩史」（表2）であるのは、これまでの展開を前提にするなら、可視化された数論たる「幾何学」のもつ物理的性格が、詩（文学）作品総体の関係構造を可視化した二次元図のトポロジカルな性格に相当すると考えられるからだ。「幾何学」と「詩史」は、ともに無時間性をあわせ持つ点でもたがいに共通する。初めもなく終わりもなく流動する文学時間の固着形態が「詩史」の本質であり、それ自体は「質（言葉）」を疎外した外部化形態である点に留意せよ。

「天文学」（表1）には「批評」（表2）が対応する。「天文学」の性格が、二次元の天体図に動きを加え、それを物理的に計測した理論体系であることを思えば、文学領域における同様の働きは、固着した「詩史」という静止画を記録映画のように動画化するミッションとして顕在化するはずだ。言い換えれば、作品（作家）間に働く力学の変容プロセスとして「詩史」をダイナミックに上書きするところの「批評」へと帰着するであろう。これも後述するが、ここでいう「詩」とは〝小説〟と対照される文芸の一ジャンルとしての〝詩〟を指すのではなく、「言葉（質）」の本源的振る舞いとしての特徴的な挙動のことを指している。

（2）リーマンの仮説と批評の小径《クリティカル＝ライン》

私はこの一連の考察において、ことさらに数学的な概念をもちいて、詩の詩たる所以あるいは文学の文学たる条件について論じたいと思う。数学的な概念をこれまでも私は時には比喩として、また時には解析装置として濫用してきたわけだが、さまざまな角度から微妙に切り口をずらしつつ対象への接近を試みたにもかかわらず、結局はかなわぬ夢の周囲をただぐるぐる巡っただけではないのか、という不安は現在もある。

ただ、これらの試みを通して分かったことは、数学表現と文学表現のあいだの距離が、これまで想像していたよりもはるかに近いという感触だった。言いかえるなら、数学はその記述の形式において言語の文学的本質をシンプル化してモデル提示することができ、また逆に文学はさまざまな数式がもつ数学的本質の意味を、そのまま言語に置き換えることができるのではないかということなのだ。そして両者の関係は決して背馳しあうものではなく、少なくとも批評の場面においては意外にも、互いに相補的ですらあり得るように思えたのである。

私は、このところしきりに〝批評の小径（クリティカル＝ライン）〟というものを夢想する。それは現代数学における未解決の超難問である「リーマン仮説」のなかに現れる〝臨界線（クリティカル・ライン）〟から、その最初の着想を得ている。「リーマン仮説」とは、素数というものに関するある驚くべき眺望を私たちにもたらす数学上の予想のことだ。本論考で、私は素数と詩作品の類同性について繰返し述べることになるが、詩の批評において、一群の素数にあたるものは、いうまでもなく無数に存在しうる個々の詩作品である。詩作品は、それ以上分割もできなければ、また希釈もできない点で、きわめて素数的である。そして、その出現のしかたが一見したところまったく無秩序に映る点まで、素数の振る舞いかたにとてもよく似ている。

実は、その無秩序に見える素数の挙動のなかに、ある信じがたい秩序の存在を予想させたのが、「リーマンの秘密の小道」（マーカス・デュ・ソートイ）とも呼ばれる「クリティカル・ライン（臨界線）」の発見だった。

（…）三つ目のゼロ点の位置を算出すると、（1/2, 25.010856…）だった。とても、でたらめに散らばっているとは思えない。計算結果から見て、ゼロ点は一本の秘密の小道に沿って並んでいるようだ。リーマンは、計算で突き止めた数個のゼロ点が行儀よく並んでいるのは偶然ではない、と考えた。そして、ゼータ関数の作る風景のゼロ点はすべてこの直線上にのっているだろう、と予想した。いわゆるリーマン予想（＝仮説：引用者注）である。

（マーカス・デュ・ソートイ『素数の音楽』第四章、冨永星訳）

もし、例えばこの「リーマンの秘密の小道」のような批評の普遍的回路（批評の小径《クリティカル＝ライン》）が言語世界のどこかにも隠されていて、その「小径」に沿ってあらゆる詩作品の価値が瞬時にして秩序だてられてしまうような、そんなことが可能だったなら、それはすでに批評を超えた批評、すなわち超＝批評《メタ・クリティーク》と呼ぶのが相応しい。現在おこなわれているような詩の批評も、おのずとその意味を大きく変質せざるを得なくなるだろう。だが、実際そうなっていないのは、そんな「小径」がまだ誰によっても発見されていないからだ。

それにしても、なぜ「リーマン仮説」なのか。それはゼータ関数という特殊な関数と、とりわけ素数の振る舞いかたに関する驚くべき内容をもつ仮説なのだが、例えば楽器の音色の理論的表記が自然数の逆数の無限和で表されることとも、決して無関係ではない。というのも、あの「1＋1/2＋1/3＋1/4…」という「調和級数」じたいが、すでにしてゼータ関数ζ(s)（s＝1）になっているからなのである。そして〝クリティカル・ライン（臨界線）〟という1/2の線上にすべての「自明でないゼロ点」が乗っているというこの仮説が物語るのは、まったくの無秩序に見えていた素数というものの挙動に、実は音楽的と言ってよい諸調性と秩序とが隠れていたことの示唆いがいの何ものでもないのだ。先に引用したソートイの著作のタイトルが「素数の音楽」である所以もそこにある。

私の当面の関心は、文学ひいては詩の存立の原理の所在を、このゼータ関数と素数との奇跡的と言っていい結合関係をはじめて発見したリーマン仮説、とりわけその隠された意味論の網目によってそれを想像力の内部にすくい上げ、再び言語によって記述することの内にある。

リーマン仮説とは、ベルンハルト・リーマンが一八五九年に書いた十頁にも満たない論文「与えられた量より小さな素数の個数について」の中で述べられたもので、「ゼータ関数の自明でない零点の実数部はすべて$1/2$である」という、たったこれだけの内容からなる。ゼータ関数とは、自然数nの逆数をs乗した無限和のことで、例えばnが1よりも大きな実数の場合だと、1を分子とし、nを累乗した数を分母とする値を連続して無限に加算していく関数であり、$\zeta(s)=1+1/2^s+1/3^s+1/4^s+\cdots$というように記述される。つまりは無限級数の一種だ。そして指数sが1のとき、この級数の値は無限大になる。このことを数学では「発散する」という。リーマン仮説において、指数sは複素数にまで拡大されている。複素数とは実数部分と虚数部分からなる数のことで、一般に$a+bi$（iは虚数単位）と表記されるが、それは実数も虚数もすべてその中に含むから、リーマンのゼータ関数はつまり、ありとあらゆる種類の数を指数にもつ関数だと考えていい。そして、その実数部分（a）が1よりも大きい範囲だと、この級数は「発散」しないで、それぞれある値に無限に至近していく。数学ではこれを無限級数が「収束」するという。そして、そこにある値（s）を代入した時、関数の値がゼロになる地点（＝零点）をもたらす指数が、ここでは問題とされる。ゼータ関数には「自明な零点」と呼ばれる一連の指数があって、-2、-4、-6、-8……がそれに当たるが、これらは差し当たって問題とはされない。問題とされるのはこれ以外の「自明でない零点」と呼ばれる指数のほうなのだ。結論だけいえば、リーマン仮説では、この「自明でない零点」を通るゼータ関数の指数（s）が、複素平面（実数軸xと虚数軸yからなる平面）上では、つねにその実数部分が1/2の複素数（$s=1/2+bi$）であると予想されるのである。つまりそれらの零点は、実数軸方向に1/2行った地点を虚数軸に沿って縦に走る一本の線上に、すべて並ぶというものだ。そしてこの線は「クリティカル・ライン（臨界線）」と呼ばれている。

（3）詩の換喩としての素数

ここでリーマンのさきの論文のタイトルが「与えられた量より小さな素数の個数について」だったことを思い出して欲しい。素数とは1と自分自身でしか割りきれない数のことで、すべての数の元素とも言われ、しかも無数に存在することが分かっている。だが数直線上におけるその現われ方には大まかな傾向は認められるものの、一定の秩序立ったパターンは見られない。ふつうは誰が見ても、素数は数直線上にバラバラに並んでいるように見えるのだ。

任意のある数xまでに含まれる素数の個数をしめす関数は$\pi(x)$で表され、素数個数関数（素数定理）と呼ばれる。そのグラフは滑らかな曲線ではなく、ゴツゴツした階段状の非線形のものである。そして、この関数の値は対数積分関数$Li(x)$と呼ばれるべつの関数が示す値と緊密に連動しあっていることがすでに知られている。つまり、ある数までの素数の個数に、この$Li(x)$はかなり近似的な値を示すのだ。

だが、それはあくまで近似値であって、きっちり正確な数値ではない。$Li(x)$ の値はじっさいの素数の個数との間に、越えがたい誤差を抱えこんでいる。

リーマン仮説が画期的な意味をもつのは、この誤差を完全に消し去り、素数分布の正確な配置を描き出すことに成功したからなのである。ゼータ関数の零点と素数とが関わりを持つのは、まさにここにおいてなのだ。そこに至る過程の骨格部分だけを述べれば、リーマンは新たに「J」関数という独自の階段状の関数を作り出し、先の素数個数関数 $\pi(x)$ をみごとに書きかえてしまった。つまり $\pi(x)$ の内容を $J(x)$ の形式に完全に置き換えたのだ。その結果、どういうことが起こったか。

驚くべきことに、素数個数関数 $\pi(x)$ が、そっくりそのままあのゼータ関数の形式で記述される道が開かれたのである。なぜならリーマンが示したのは、ある特殊な反転公式を使えば、関数 $J(x)$ の内容はそのままゼータ関数の形式 $\zeta(s)$ でそっくり表現できるというまったく新しい発見だったからだ。この事実が意味するのは、つまり $\pi(x)$ はゼータ関数 $\zeta(s)$ に完全に変換できるということなのであり、言いかえれば、このゼータ関数を徹底解剖することで、私たちは素数が数直線上に現われる正確な地点を特定できるようになるのである。「J」関数からリメイクされたこのゼータ関数 (ζ) を使って行なう。実際の計算では、一連の演算プロセスにおいて、対数積分関数 $Li(x)$ の引数 x のすべての「複素根（＝ルート）」を求め、それをぜんぶ足し合わせる操作が必要になる。そして、この「複素根」こそが、あの「ゼータ関数の自明でない零点」が素数出現をめぐる関連式のなかに明解に布置された姿なのである。

これらのことが、素数の振る舞いとどう関係してくるのか？ リーマン仮説が正しいとの前提を設けたうえで結論だけを記せば、この「複素根」の実数部分だけが申し合わせたようにすべて「1/2」の値を示すことで、それがてんでバラバラに見えた素数の挙動の背後に、何かしら宇宙的な秩序が存在することを私たちに暗示してやまない点なのである。

私はいまできるだけ簡略化して述べたつもりだが、これらの数学的操作は、専門的な訓練を受けた者でなければ、その全貌をすみずみまで見透すことはきわめて難しい。しかし、それにもかかわらず、なぜこれほどリーマン仮説にこだわってきたかというと、先に述べたように、これまで私は詩作品——それも自分自身が分割不可能な一個の〝事態〟であるところの文字化された経験たる詩作品——の最良の換喩表現として、この素数というものの存在を捉えてきたからである。

（4）臨界帯（critical trip）と臨界線（critical line）

ギリシャ人は、素数が無限に存在することの証明を、論理の力のみによって行った。すなわち、すべての素数をかけ合わせてできる数「N」をまず想定する。当然「N」は素数ではない。次にこの「N」に「1」を足して「N＋1」とする。もしこの「N＋1」も素数だったなら、「すべての素数をかけ合わせた」という前提が崩れる。さらに「N＋1」が合成数だったなら、「N」を構成するすべての素数で割っても必ず「1」余る。しかし「N＋1」が合成数である以上、必ずそれは素数に分解することが可能なはずであり、最初に想定した素数以外に新たな素数の存在がそこに前提されざるをえない。つまり、素数の数が有限だと考えると、このように解決不能の論理矛盾をひき起こしてしまう。かくして、素数は無現に存在するとの結論が導かれる。

私は、詩作行為とはこの「N＋1」のようなものだと思う。「N＋1」は、素数である可能性もあるし、またそうでない可能性もある。「$N＋1$」が素数だった場合、それは文字通り新しい作品がそこに生み出されたことを意味するだろう。素数でなかった場合でも、それは新たな素因数を生み出すことにつながり、結果としてその創造的性格が失われることはない。つまり私たちに重要なのは、この最後に「1」をプラスしてやる行為なのだ。

「素数」と「詩」をめぐるこの抽象的な物語の舞台は、すべて複素平面上で展開される。複素平面はガウス平面とも呼ばれ、x軸とy軸によって構成される架空の平面（虚数地図）である。x軸は実部（real axis）で全実数を含み、y軸は虚部（imaginary axis）で全虚数を含む。

現在、リーマン仮説の最大の問題であるゼータ関数の「自明でない零点」について判明している事実はふたつあって、ひとつはその実部が0よりも大きく1よりも小さい範囲（臨界帯）にしか存在しないことであり、それともうひとつは、実部が$1/2$である「零点」は無限個存在するということである。

「自明でない零点」の詩学的解釈は、従って、それが素数の出現する場所を正確に指し示す指標としての役割を果たすことから、言葉がまさに「詩」として顕現《テオファニー》することを可能にする磁場の局在性を、ピンポイントで指し示すものとなる。このように、原形質としての文学言語（純粋言語）の成立する範囲が複素平面上の実部の「0」と「1」の間、つまり臨界帯（critical trip）の範囲にしか存在しないということに加え、しかもそうした「零点」が無限に存在するという数学的事実は、文字通り実部方向（x軸）の一定数値の範囲内で、言葉としての実質を担保された「詩」が、虚部方向（y軸）に無限の量をみずから受肉《インカネイト》するイメージとなって私にやってくる。

この場合、「1」はとりわけ重要な数字となる。臨界帯を非臨界帯から截然と区切るこの「1」は、文学言語と非文学言語の境界線（marginal line）としての意味を持つだろう。あくまでも意味論として定義するなら、「1」より向かって右側の範囲には膨大な非文学領域という言葉の荒野がひろがり、そこから吹き寄せる暴風のような荒々しいエネルギーに、この境界線は果敢に立ち向かっているかのように見える。そして健気にも、言葉の沃野たる文学領域を保護する防波堤の役割を果たしている姿として私の目には映るのである。

「1」は、そして、一元体の統一理論たる絶対数学においてはその根底となる基礎単位でもあった。素数の一般的な定義をここで想起して欲しい。「1」と〝自分〟以外に約数を持たないというのが素数のよく知られた定義であり、また素数は本論考において「詩」の換喩表現としても二重化されることから、この定義は、そのまま「詩」にも重複適用することが可能である。すると、「詩」は「1」と〝自分〟以外には〝因数〟を持たないという、まったく新たな命題がここから導かれるのである。「詩」は前節でもふれたように、本源的な挙動状態に置かれた言葉の動態的なひとつの在り方を指すので、〝自分〟というのはまさにその動態性の極限値を指すとの解釈が可能であるが、そうなると「1」がこの場合、果たして何を指すのかという問題が残される。

「1」はどんな場合でも「詩」（＝素数）の約数たりうるという意味で、本源の数字（original number）と呼ぶに相応しい。つまり「詩」のオリジンをそれは表象していると理解できるので、つねに「詩」の母胎環境として据えられる存在、すなわち〝創造主〟としての発語者の存在が、ここで同定（アイデンティファイ）されずにはいないだろう。広義の詩人存在（無記名の作者）とこれを解釈しても、私には一向に差し支えないと思える。

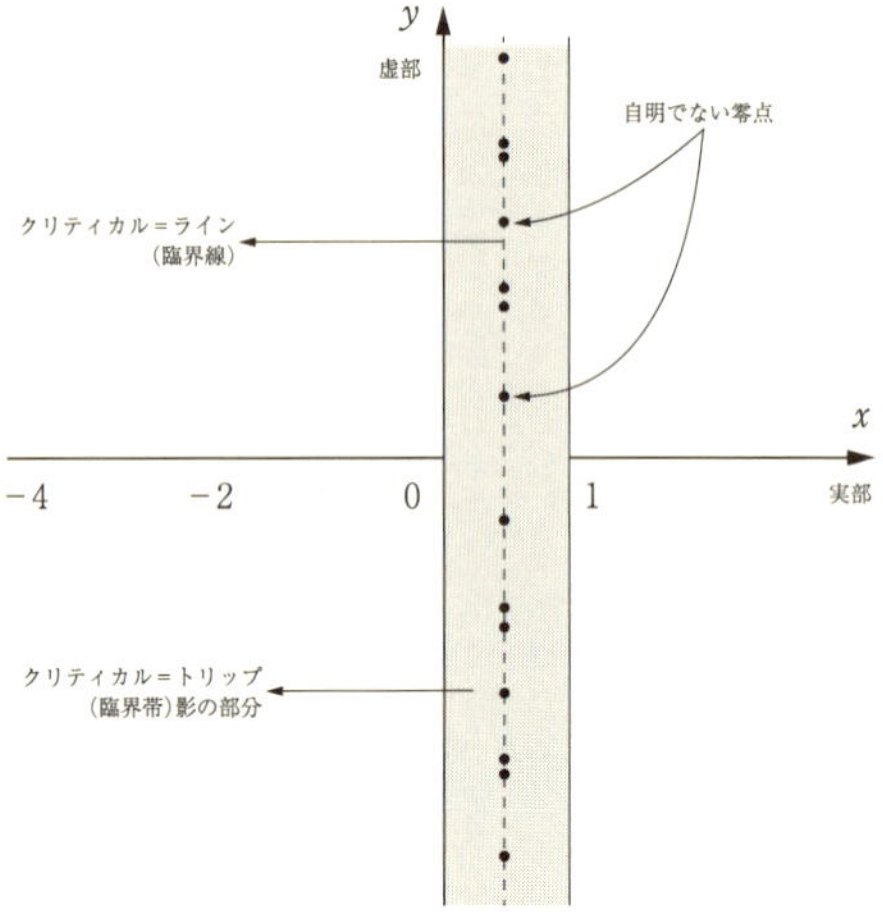

だが、依然としてクリティカル・ラインの謎は残り続ける。これまでの考察をすべて踏まえた上で、「1/2」の臨界線(critical line)とは、「詩」のどのような性格を暗黙に表象しているのかを完全に解明するのは難しい。

クリティカル・ラインはリーマン・ゼータ関数の「自明でない」(つまり本質的な)零点のすべてを磁石のように惹きつけると考えられている。完全な証明がまだ未完結なので、この問題は「リーマン仮説」と呼ばれているが、本論考ではこの命題が正しいものと仮定したうえで、議論を進めたい。

そもそも解析接続によって、実数のみならず複素数にまでその対象範囲を拡大した結果、この物語は誕生した。承知のように複素数($a+bi$)は実数(real number)と虚数(imaginary number)とから成り、零点とは$\zeta(z)=0$となるような複素数(z)によってもたらされる。そして「z」はゼータ関数における指数であり、関数値が零になるのは、これら指数(＝複素数)の振る舞いによるものだった。つまり、クリティカル・ライン($Re(z)=1/2$)をめぐる物語は、実数と虚数という二つの等価な質量(エネルギー)が互いに激しく反応し合い、新たな質量をそこに生成させるゼロサム現象――それは例えば、粒子と反粒子が衝突し、共にそこで対消滅して生じた変換エネルギーが、そのまま「光子(フォトン)」(＝γ線)として放出されるに至る物理現象の、数学的な比喩表現として読み換えられないだろうか。

であるとしたら、クリティカル・ラインの物語、とりわけ「1/2」をめぐる詩学的解釈は、それが文学的臨界帯のちょうど中間点（0＜1/2＜1）に位置することから、文学言語（純粋言語）が発生する直前のまったき平衡状態（零地平）を、それは代行表象しているのではないかという予想を呼び込まずにはいない。つまり「1/2」のラインとは、それ自体が意味を産出する源泉なのではなく、むしろそのための重要な基準線であって、そこを起点にして発生するさまざまな〈偏差〉を以て、言葉の本源的な挙動状態を多彩に現出させる界面（インターフェイス）なのだ。「詩」の創造性というものが湧出するためのいわば絶対的な座標軸がこの「1/2」の意味であり、従ってクリティカル・ラインは「クリエイティブ・ライン（creative line）」とこれを言い換えてもよいと私は考える。

（5）松本圭二『アストロノート』の絶対詩学的解釈

例えば現在の詩のあり方を考えてみた場合、私はこれまでしばしば〝実数値〟の詩と〝虚数値〟の詩といった比喩で、ある一群の詩作品がもつ傾向的特性を言い当てようとしてきたが、その背景には、批評の対象域をそこまで拡大して考えなければ、現在の詩がもつ多様かつ複雑な作品実態を十分に捉えることができないと考えたことがあった。つまり、それだけ現在の詩的言語の振る舞いかたは、素数のあの一見バラバラな出現の仕方にも増して、無秩序かつ無方向かつ、それ故にまたこのうえなく魅力的なものに映っていたからだった。であるならば、数学的な「クリティカル・ライン（臨界線）」はどこかで必ず詩学的な〝クリティカル＝ライン（批評の小径）〟と通底していないはずがない、と思えるようになった。私にはいま明確にその根拠を指し示すことはできない。はやい話が、私のそのような思いはひとつの強固なオブセッションであって、実はまったくの誤認なのかもしれないのである。使えるかどうか分からない数学なんかにうつつを抜かすよりも、言語論の範疇でもっと詩の実体に即した緻密な議論を積み上げることのほうが、よっぽど詩の批評に関しては実り多いのではないかという声も聞こえてくる。

だが、いまの私の考えは少し違う。数理的な原理性と詩的な原理性とはけっして矛盾しあう要素ではないと思うし、きわめて論理的にみえる記述がじつは詩そのものとなりえていたり、逆に論理的にまったく意味が通らない詩作品の記述のなかに、じつは高度な論理の脈絡が貫かれていたりということは、私たちの身のまわりでも非常にしばしば起こりうることだからである。

松本圭二の詩集『アストロノート』（叢書重力）から、実はとても意味深な作品をふたつ紹介したい。

真剣などじょんは
言語や形式について実験するように
光についても様々な試みをする
そのためにかなりの時間を費やすのがふつうである
私もまた他の優秀などじょんと同様
若いころは光の散乱している曇天を好んで書いた
そして、その光の描写をマスターしてから
こんどは明暗のコントラストの強い風景へと移っていった

（「電波詩集14　詩人と打ったら〝どじょん〟になる」より）

「どじょん」が何を意味するかはっきりとは分からない。おそらく「詩人」の入力変換ミスの結果なのだろうが、そこから、できそこないの詩人あるいは修行中の詩人といった連想が次にやってくる。少なくともそのような含みを持たせながら、この『どじょん』は言語に対するのとおなじように「光」についてもさまざまな実験をしたという風に読んで大過ないだろう。この場合、「光」が出てくることはとりわけ暗示的だ。その理由は後で述べる。また、次のような作品はどうだろう。

　　イメージの表面は傷だらけである
　そしてイメージの表面はかならず二重になっている
なぜならわれわれはポジティブのみで可視化された世界を見ているのではないからだ
そこにはかならず反転に失敗したネガティブがひそんでいる
やや大袈裟に言えば、われわれの目はポジティブとネガティブの間を瞬時に行ったり来たりしている
のであり
視神経は常に、その往復運動の中間点で激しく痙攣している

（「同57　ウエットゲイト・プリンティング」より）

こちらは打って変わって、論理的な文体の作品だ。なにより、論理展開のモチーフがとても深いところ

を突いている感じがする。「反転に失敗したネガティブ」とは何か？　それは表面的な言葉の秩序を裏側で支える、もうひとつの見えない秩序のことではないのか。〝言葉の音楽〟すなわち詩の数学的秩序というものが潜在するとすれば、恐らくここだろう。そして、奇しくもそのあとに「中間点」が登場することは、私を狂喜させてやまない。

　そもそもリーマンのいうゼータ関数の自明でない零点《ゼロ》が、なぜ「0」と「1」との「中間点」つまり複素平面上の1/2のクリティカル・ライン上に並ばなければならないのか。少なくとも私のなかで、この「1/2」ということの意味はすでに明解である。それは「光」すなわち言葉の光学に深く関わる数値なのだ。物体をとらえた光が、レンズを通してみずからの等身大（＝1）の実像を映しだす時の焦点の位置が、ちょうどそれらふたつの距離の1/2の地点にあたる。それは私がべつの場所で、詩の言葉と小説の言葉の振る舞いかたの根本的な質の違いを、このレンズと焦点との距離の比喩を使って説明したときの内容ともつながってくる。レンズからみて観察対象が焦点よりも外側にあるとき、そこに現れるのは実像のほうであり、つまりは実数値としての詩の言葉である。そして、逆に焦点距離の内側にくると、そこには対象の虚像、つまりは虚数値としての散文の言葉が映しだされるのである。そして観察対象がちょうど焦点の真上に来ると、どんなことが起きただろうか。そう、そのとき、像はすべて消えうせる。対象が焦点上にあるとき、光はレンズを平行に通過するので、いかなる像も結ばれることはない。

　さてもこのように、焦点が定まるところの「1/2」の地点とは、まさしく〝批評の小径（クリティカル＝ライン）〟が実在する場所を正確に示しているではないか。少なくとも文学と定義される言語体において、それが本質において〈詩〉であるか〈散文〉であるかの判別の基点は、言葉の指し示す像が実像であるか虚像であるか、いいかえれば言葉の軸足がこのクリティカル＝ラインから外側にあるか内側にあるかという偏差においてのみ、初めて正確に感受されるだろう。「視神経は常に、その往復運動の中間点で激しく痙攣している」——そこで痙攣しているのは、まぎれもなく批評する意識のむきだしの独在性にほかならない。

2 「わたし」への処方箋

(1) 特殊記号としての「わたし」

詩の表現において〝新しい〟ということは、果たしてひとつの価値であるのか。もしそうだとしたら、それはどのような中心を持つ価値なのか。このことは、必ずしも時評的な関心からのみ導き出されたのではない、ある本質的な問いを内に含んでいる。

詩は、言葉の芸術の形式としてはおそらく最も古いものに属している反面、つねにそれは新しくあることを自らに要求されてきた。誰から要求されてきたのかと問われれば、なかなかうまく答えられないが、少なくとも詩という芸術表現の性格上、まずそれは言葉の側から無意識に要求されてきた、とまでは言うことができる気がする。

特に近代以降の詩表現において、この〝新しさ〟ということの価値は、たとえば「伝統と個人の才能」(T・S・エリオット)という図式が物語るように、「個人」(＝わたし)とそれを越えて実在するものとの相克として現れてきたように思う。無論エリオットが言うように、それは必ずしも文芸的な「伝統」でなければならぬ必然性はない。たしかに、芸術表現として言葉を発しようとする個体の意識がまっ先に摩擦を生じるのが、同一言語圏において先行する言語表現の記憶の総体たる「伝統」であることは容易に察しがつくが、それは方法的にのみ言えることとであって、個々のそうした意識の起源を探っていくと、私たちはおのずと「わたし」を越えたものとしての、別様の世界経験の同時代的なありように行き着くはずである。ある時はそれが国家権力による抑圧であったり、ある時は世界戦争の個的な体験であったり、またある時はそれがイデオロギーの桎梏であったりさまざまだが、現在のようにそれが異郷化した巨大な空無を地球規模で背景にもたざるを得ないような時代には、なおのこと「わたし」というこの特異なトポスは、詩表現の新しさを測る指標としてより過激に自己批評を迫られているように思うのだ。

「現代詩手帖」二〇〇六年六月号の特集「2000年代の詩人たち」の冒頭におかれた若手の詩の書き手たちによる座談会「終わりから始めるために」（水無田気流×石田瑞穂×杉本真維子×小笠原鳥類×久谷雉）を興味深く読んだ。総体的な印象として、彼等がそこで出会っている問題意識は、世代的にはふた回りほど違う私などが感じているそれと、さほど遠いものではないというものだった。特に「わたし」をめぐる議論の周辺に、かなりな程度共感できる帯域が存在するのを発見し、それは彼等がいまぶつかっているものの時代的な共通項が一体どの辺にあるのかということを、図らずも示しているようにも思われた。以下に、いくつかの発言を抜粋してみる。

小笠原　確固たる「わたし」があって、おれはこうなんだという主張は、わたしにはできないですね。だから外山（功雄：引用者注）さんの詩に惹かれる。外山さんの詩には仮に「わたし」という単語が入ってもそれが大事なものとして機能しなくて、他のものと同じようなものになってしまう。「わたし」はバラバラになっていて、他のものとの区別がつきにくくなっている。「わたしはこう思う」というようなことがすごく言いにくくて、外山さんのような言葉になっていくのかなと思うんです。

久谷　主体というものがあるとして、それに覆いかぶさるように自明になっている「わたし」がある。そして、そこからはみ出す部分があるわけですね。それを、つまり自明化された「わたし」を超えたものを拾っていくというのが現代詩の大きな目的になっているようなところがある。けれどもそれをどんなに進めていっても、社会生活を営んでいる以上、自明化された「わたし」に居坐ってしまう部分はどうしても出てくると思うんだ。そういうものさえも掬っちゃうのが詩ひいては文学の凄さなんじゃないかとぼくは考えるところがあります。

（…）

杉本　（…）作品を書いているときは「わたし」ってあまり考えないかもしれない。ただ、推敲のときに、余分な自己愛が掬い上げてしまった言葉を徹底的に削り落としたいと思っているのですが、ということはそのとき判断の基準となって、かつ、剝きだしにしようとしている何かがあるってことになりますよね。もしかして書こうとするときは「わたし」はまだなくて、書き終えたときにあるのかな。よくわかりませんが。

水無田　文学に携わる者だったら、「わたし」、もしくは「自己」についてある程度のあいまいさや、ある程度のうさんくささを感じて距離を取ろうとしないといけないと思うんです。（…）そういった主体とか自己の関係のうさんくささにあっぷあっぷしているひとたちに、文学というものはいまの状況を考えるきっかけを与えられないかと思うんですよ。

「わたし」ということをめぐるこれらの議論は、いずれも彼等が詩の書き手としてみずからの創作体験のなかからつかみ出してきた内容であり、どの言葉の裏側にもそれぞれの実態的な経験要素の潜在を予感させるものだ。共通して読み取れることは、まず「わたし」というものはまったく自明なものではないという相互認識、そしてその点にこそ自らの言葉の根拠を探り当てようとする一方で、自明な「わたし」が存在していないという現在の事態を、深刻な危機感や欠如感によってではなく、むしろそうした事態をこそ自明なこととする覚めた感覚によって処方しようとしているバランスの良さだ。

私が彼等の主張のうちに〝新しさ〟を感じるとしたら、まずはそうした点においてなのだが、この「わたし」を括弧に入れていわば特殊記号化してしまう戦略は、詩をめぐる時代状況的な必然性の側からもあらためて検討されるべき命題を含んでいるのではないだろうか。

私がこのように書くことの裏には、「イリプス」17号で北川透がとても興味ぶかい発言をしているのを、この座談会記事とほぼ同時期に目にすることになったからだ。討論「詩論の成立する場所」（北川透、討論参加 細見和之）において、北川は次のように述べている。

——北川さんの詩の書き方は、今どうなっているのでしょうか。

北川　昔、若い頃は、ある程度イメージを思い浮かべて、それをどのように肉付けするかで書いてた気がします。今はそうではなくて、ほとんど言葉の方からやって来るというか、自分の方にはなにもない空っぽですね。自分の中には書きたいものもないわけで、たとえば何かの詩集を読んでいてそこでぱっと引っかかった言葉があると、するとそこから詩が始まるという具合です。それが自分の中で勝手に動き出すわけで、自分の中にモチーフがあって書いているというより、書きながら、その後をモチーフが追いかけていってそして展開するということですね。

詩の書き方ということに関してですが、荒川洋治でも藤井貞和でも高橋睦郎でもいいんですが、彼らは、どんな詩をどんなふうにでも書ける。もちろん一つ一つを書くときには違った詩になるのだけれど、散文的に書こうが、歌のように書こうが自分が思うように書けるといったレベルで書いています。以前はそうではなかったんですね。たとえば詩に音楽が必要だという人はリズムを中心にした詩しか書けないし、リズムじゃなくてイメージだという詩人はイメージばかりを追う作品しか書けない。どんな詩をどんなふうにでも書けるということは、別の言い方をしますと、詩を書く人が自分で自分の個性を消してしまえると言うことですね。詩人の個性というものが無くなった。

ここで注意したいのは、詩人の個性というものの喪失が、それじたい何か憂うべき事態として述べられているのではなくて、むしろそのことが詩を書くことの「快楽」として新たに捉え返されている点だろう。つまりここでは、詩人ひいては作品における個性の喪失はむしろ詩の新しさの符丁として、表現上の第一義的な価値として出会われているのである。「僕は今の詩の最先端というか、一番生き生きとしたところというのは、そういったつまり何を書くかわからない、自分ではない何かに語らされてしまっているけど、書いているときの手の感触、手応えだけは確かにある、というところだと思います」——北川のこうした言葉にも、そのことは確かに現在状況の直接的な反映として読み取れるだろう。

（2）暗号化の手法

二〇〇六年に思潮社より刊行がはじまったシリーズ「新しい詩人」は、主に二十代の詩の書き手たちの作品をあつめた叢書的な詩集である。第一回配本の三冊を概観したときに私に訪れたのは、そこでパフォーマティブに思う存分ふるまっている言葉たちの〝新しさ〟をどう評価したらいいのかという、ほぼ一周遅れの疑問内容だった。そして、全体の印象を感じたままに述べるなら、それらは私たちがよく見知ったあの文学の言語というより、何らかの意図によって暗号化された後の言語のようだというものだった。

キキダダママキキの詩集『死期盲』から、「（、（、」という作品の一部を次に引いてみる。

「強風に襲われることがよくある／
パシャー、リ（離）
侵入成功、戸ガッ、パタリ……
七色—分割／処（と言えます）
華やかな　花畝？　子宮に花が咲くとき、
奇麗　、だけど
風撒（サン）、風散（サン）
秋（あ　　　　　　　　き）

青色　桃色　倶流倶流ー
橋桁　川中　未着水底、
水歌、矢に似て（ニニテ）
淡毛、
と考えていた
目、敗北デス
ゆれ、ゆれ、此処カラ
風さん、は何処
／ので気をつけて」
……
橋を渡レヌ、

（「（、（、」より）

私はこの作品がキキダダママキキのこの詩集のなかでとりわけ優れているとは思わないが、作者の方法意識のありかたがとても鮮明に現れているので、それで引用してみた次第である。

まず、ここから統合的な意味を汲み取ろうとしても無駄である。意味はどれも極限まで断片化されているからだ。だが通読すれば、なにか茫漠とした「風」のモチーフだけはそれとなく伝わってくる気がする。そういえばこの作品の冒頭は「午後五ー、午後五ー、」で始まっている。これは音読すればそのまま「ゴゴゴー、ゴゴゴー」であり、まさに私たちがよく風の強く吹くさまをしめす陳腐な擬音語にすぎない。それを漢字で「午後五ー、」と表記してあるため、私などは最初、午後五時のことを言っているのかと誤読したほどだが、あくまで詩の表記としては「午後五ー、」なのである。

また、「／」の使い方も奇妙である。引用部一行目の「強風に襲われることがよくある／」は、実は末尾から三行目の「／ので気をつけて」に接続していると読める。つまりもともとは「強風に襲われることがよくあるので気をつけて」という平叙文が、二本の「／」によって途中から分断され、あいだに十五行の詩行が別途挿入されたかたちになっているのではないだろうか。八行目の「あ」と「き」のあいだの空白も、「秋」ではなくまさに空き（スペース）であろう。このように、語音と語記の意図的な混濁や、文形式の意識的な裂断、意味体系の無機的な解体といった手法は、言語表記の暗号化ともいうべき事態をいやおうなく呼び起こすと言っていいだろう。それもはじめから解読されることを想定していない暗号のための暗号として。

私のいう「詩の暗号化」の事態とは、じつは次のような局面をも予想している。すなわち、与えられた詩のテクストが読み手の「読解コード」をまったく受けつけない作りになっていれば、読み手はそこから隠れているメッセージの所在を推測するほかはなくなる。つまり詩の読者ではなく、詩の〝暗号解読者〟たらざるを得なくなる。そして、推測した内容が当たっているかいないかを判定する批評的な基準は何もないのだ。

これは詩にとっては危機的な事態だと、私は思う。無論のこと、詩作品が単層的な意味のメッセージに還元できるとは思っていないし、言語の美をもって言語の意味機能による横暴を排し、人間の世界経験に拮抗するだけの高度な言語造型を詩がこれからも目指していくなら、表現の手法としての「暗号化」ということが試みられて悪いいわれは何処にもない。だが、にもかかわらず私がそれを危機だというのには、二つの大きな理由がある。

まず、第一に文学表現における安易な「暗号化」が、メディアの存在に無意識に依拠することによって成り立っているのではないかという疑念を、どうしても払拭できないことだ。そのことはわたしに、あの黒やぎさんと白やぎさんの童謡にあるような、お互いのメッセージの中身を永久に確認できないまま、ただ手紙（＝作品）だけが交換されつづけるというちょっと寒い絵を想像させてならない。そこでは詩の新しさの価値についても、詩史の根源にふれる場所からなされる価値意識の更新は望むべくもないと思うのだ。

さらにもう一点。すでにさんざん言われてきたように、メディアという公共装置は、どんなものであれすでにそれ自体が容易に権力装置に転化しうる土壌を持っていることである。たぶん百年も千年も前からメディアの持つそうした危険を孕んだ本質は変わっていない。そこで、唯一それに反撃しうる地歩として、言葉による表現行為というものは存命の根拠を有してきたはずである。だから詩の雪崩打つようなメディア化によって、それが骨抜きになってしまうのではないか、という危惧が私にはどうしてもつきまとうのである。

「新しい詩人」シリーズの3、手塚敦史の詩集『数奇な木立ち』（思潮社）を読んで私がまっ先に受け取ったのは、何らかの意味の塊でもイメージの群像でもなく、あるいは言葉への抵抗感ですらなかった。ただ、まったく無色透明ななにかがただ紙のうえをサラサラと流れている気配のような感触ともいえぬ感触だった。同時にそれは、私が他の二〇〇〇年代の若い詩人たちの作品の内に共通して聞き取ってきたのと同じ、あのノイズを消し去った後の、無味無臭の流露感とでもいったらいいだろうか。

夕べ、そとの雪を持ち帰り
たらいの揺曳《ようえい》に、この胸
とけだした　そよそよとしずかに
流れる、台所の気配は
やがて　射し入る居間からの光におびえ
蛇口から水が、つと
零れ　だれの声もなく
またそこにうちふるえる　青の焦げた水滴…、
そのようにゆらいでいるばかり
この黒羽も、閉じ込められ
昨夜《ゆうべ》、はばたこうと抵抗しながら
奇声をあげ
あちこちに羽根は、落ちてしまったのだろう
その跡が今ごろになって
食器棚のガラスや　テーブルの表面
スプーンの鈍いしじまに、

降り立つ　家畜のような臭いも
音もなく、凍りつく無数のかたちも
…ただのこるのをたどれば
夜を分けるころに、唐突に跳ね
明朝、あなたの口から入るためだけに
米や煮干《にぼし》となっていることを、よろこび
水のなか　あたたかそうに浸かるばかり…
そうして壁に凭れた寒い冬の影が
壁に凭れかけたあなたの肩と重なり合って
アーヨ　アヨ　アヨ　アヨ
首に括りつけた歌がさわいでいる

（「消される数音」より）

言葉がすくいあげていく意識の上澄みが、静謐な時空間を根源的にイメージさせながら、かたちにならない形象間のドラマをそこで必死に書き留めようとしている。見事な筆致だと思うし、完結した了解感というものが無理なくもたらされる点で、作品としての完成度はむしろ高いと言える。かろうじて見えてくるのは、とても日常的な深夜の台所の情景だが、それが何なのか意味は最後まで伏せられ、決して明かされることはない。ここでも読む側は、あたえられた一群の表象から未知のコードを探り当てるよう不可避的に要求されている。すなわち、この作品を受け取ろうとすれば、読み手はじつに否応なく〝暗号解読者〟であることを強いられるのである。だが、すでに指摘したように、この作品に限らず、これらの暗号は最初から解読されないように作られているのだ。すると、一体どのようなことになるのか？　読み手の意識は、これら詩の言葉から自らの経験内部へ回帰する要素的なものを何も受け取れないまま、ただ不安に浮遊するだけの結果になるだろう。残るのはかすかな言葉の残像とか、言葉からかろうじて響いてくる音感の記憶といったもの、つまりはすべて瞬間々々の感覚的要素に還元するほかないものたちばかりだ。

午前十一時五十分。
　海のような空がこぼれ、ひとがわらえば事柄のひとつひとつは形をかえ、物語られ始める。一方がもう一方へ跨げば、スケッチする手を休めて鉛筆はひざの上を滑《すべ》り、気が付けばもう、部屋中の思い入れのあるものが照らされており、わたしはもう一度自分の名前を言おうとしたが、喉元のあたりまで来て、いそいであのひとの名前にかえた。名前を呼べば、そこにうまれるしたしみだけで、ひとの位置は少しだけ明るく照り返される。

（「十一月一日」全行）

　ここで「名前」がテーマとして浮かび上がっていることに、私は注目する。詩集タイトルである『数奇な木立』の「木立」とは、おそらく詩行と詩行のあいだの空白をさす換喩表現である。作者は、書かれた言葉と同等以上の表現価値をこの空白のうちに響かせようとしている。その際、もはや用済みになってしまった言葉に代わってそれをひたすら暗示し続けるものとして、ミリリットルやデシベル、カラットやルクスといった「数」の単位との出会いは果たされていると言ってよい。ならば、そこで用済みになっているのは言葉以前にむしろ詩人存在そのもの、すなわち「名前」によってその現実性を指示されるところの書き手の存在痕跡そのものではないのか。「自分の名前」を「あのひとの名前」に言いかえるという行為の意味は、多分そこにある。ここで書き手の存在性は日常的な地平を離れて、メディア的なものつまり実体のないものへとメタモルフォーゼを果たすのである。

次に引くのは小笠原鳥類の詩集『テレビ』より「生きている印刷物」という作品。

この本は「カラーですよ」予告され
暖かい画面の布のような鰭のような泳ぐ泳ぐ泳ぐ写真に――あの、
青い魚を大量に泳がせる。周囲に青い水蒸気が漂う。
青い写真は泳ぐ水面に似ていたのです。水面はエイに似た
軟骨の魚たち　並んで、妖精のように森を泳ぐようだ。人は
水面でのスポーツについても考えるだろう。画面には
色素の点・点が並べられる。エイは装飾の多い生き物
水槽を並べるような――麗しい熱帯魚の写真図鑑が！
熱帯魚の図鑑や動物の図鑑　呼びながら

小魚が鰭を動かす。鰭〈画面〉にも斜めの虹が波打ち
川魚・深海の金魚も特集され、沼の水が撮影され
堂々たる図鑑は表紙が布と厚紙でできた、青黒い。
青い、暗い魚たちの建物の廊下をいつまでも歩くだろう。
ひろがる　あたたかさ涼しさとしての印刷・画面について——
熱帯魚の模様が動いて滲んで、テレビになる。

（「生きている印刷物」より）

この作品は、読んでみて個々の文節相互の意味がとても取りやすい詩であることが分かる。だが、そのような読み方では、この詩作品トータルの像《イメージ》はまったく見えてこないだろう。

カラー印刷された魚類図鑑がこの作品の一貫したモチーフだ。奇麗な色とりどりの魚の図鑑を、まずこの詩人は類まれな言葉の喚起力によってのみ立ち上げる。「画面には／色素の点・点が並べられる」とは、四色カラー印刷における網点（ドット）のことを指していると思われ、あくまで印刷物にこだわる作者の先鋭な意思が、言葉の背後から大量の水のように伝わってくるようだ。

だが詩行を読み進んでいくと、不思議なことに私たちはその印刷された海中の魚たちの乱舞する情景のなかに、ごくごく自然に吸い込まれていくような気分にさせられる。そして気がつくと、周りはあたかも海中の魚たちの映像を動画として流し続けるテレビ画面のように様変わりしているのだ。

静止画像（＝印刷物）がいつのまにか動画（＝テレビ）に変わっていくというイメージの展開が私たちに寓意するのは、そのモチーフそのものが、詩表現において内在的時間が最初に起動される稀有な瞬間に

純然として立ち会うためにだけ、言葉が消尽されていることを告げている。この場合、「図鑑」とは暗号を解くための鍵ではなく、むしろ暗号文を封印した箱の役割を演じるために登場していると言っていい。つまりこの詩は、それがあまりに美しすぎて解読する必要を忘却させてしまう、そんな暗号文のパッケージなのではないだろうか。

ところで暗号化の手法がもっともラディカルに現象しているのは、じつは詩作品よりも詩人の名前の表記のほうだ。例えば「キキダダママキキ」は、名前ではなく名前の暗号化に他ならない。また小笠原鳥類は、「鳥類」というその名に反して「魚類」の詩を書いている。これらの不可解な照応関係は、実はけっして偶然的なものではなく意図的になされたものと考えるしかない。これらはまさに新しい事態である。詩人の名前とは、瀬尾育生によれば「詩」と「非詩」とが唯一出会う場所のことであった。ところがいまでは、それさえもが暗号化され相対化される事態に至っている。詩人の署名の意味について、その有効性と射程とはさらに掘り下げられる必要があるだろう。

3 「正午」へ向かう詩法／瀬尾育生『アンユナイテッド・ネイションズ』の方法

（1）「現在」から「正午」へ

「現在」ということが詩を語るシーンの前面にせり出してきたのは、一九八四年の『マス・イメージ論』においてだった。吉本隆明はそのことを「いつの間にかいままでの詩法にひっかかる現実がどこにも見あたらない」（詩語論）という思いとして述べていた。さらに、無理に「いままでの詩法」を引きずろうとすれば、空虚さや自己欺瞞の意識がつきまとうとも書いていた。

　私はこうした「現在」ということの意味を、戦後の資本主義社会が高度化する過程と、それにともなう戦後的政治「情況」の解体過程とがある時期逆向きにクロスし、いわば前者が後者を抜き去っていったことの符牒を詩表現のなかにもとめようとした際の、最も先端的な思想表現として理解してきた。その場合の「いままでの詩法」とは、メタファー（暗喩）を中軸においた言語の自己表出性をその本質とするものであり、それは詩に作者の個性を拭いがたく刻印しながら、戦後詩のいくつかある潮流のじつに大きな部分を占めるものでもあった。「現在」のせりあがりは、表現論として言い換えると、詩からこうした作者の個性が消え失せていく過程を言いあてたことになる。

　それからすでに二十年以上の歳月が流れている。「現在」はその後、どこに行ってしまったのか。私の考えをいえば、「現在」はいまもまったき「現在」のまま、より深度をまして普遍化していると思われる。そして、ここから逃れえている者は、実は一人もいないと考える。先に言及した詩のメディア化の事態とは、それのひとつの現れに過ぎない。

　だからそこで詩を論じることとは、作品相互の微細な差異について語りつづける作業ではあり得ても、ついに世界との絶対的差異を言語の表現価値において語ろうとする行為へは接続していかない内閉的なトポスであるしかなかった。

　現在、詩を論じるということの極限的な矛盾がここにある。例えば詩を批評する言葉とは、意味解釈の次元でもって詩の表現価値を世界のなかにポジショニングする、いわば文学享受の代替機能としてあったわけだが、詩の言葉が「現在」のなかで空洞化しているならば、そもそもこうした批評的営為じたいが機能するはずがない。そこで詩の言葉と批評の言葉は永遠に交わらないまま、詩は詩でいつまでも自分をのみ語りつづけ、また批評は批評で詩の外側からいつまでも詩への不満を述べたてるだけの、不毛な関係を耐えるしかなくなる。

瀬尾育生の詩集『アンユナイテッド・ネイションズ』（思潮社）は、この詩と批評のあいだに広がる不毛な裂け目のうえに架橋された一本の言葉の橋のように、存在している。

すべての詩はそれぞれ一つのもの（それは決して名ではない）を呼んでいる。――それがこの詩の意味である。そしてすべての詩がそうであるように、この詩もまた、かつて誰によっても呼ばれたことのないものを呼んでいる。

しかしこの詩は「すべての詩はそれぞれ一つのもの（それは決して名ではない）を呼んでいる。――それがこの詩の意味である。そしてすべての詩がそうであるように、この詩もまた、かつて誰によっても呼ばれたことのないものを呼んでいる。」――と言っているのではない。

そうではなく、この詩はただ呼んでいるのである。――その呼ばれているものを。

（「エマオスにある」より）

ここで言われていることは、はたして詩をめぐるトートロジーなのだろうか。詩によって「呼ばれているもの」を詩が「呼んでいる」と言うだけなら、確かにそうだろう。この語り口は、どこかあのハイデッガーの「言葉（Die Sprache）」におけるそれを彷彿とさせるが、だがハイデッガーの「言葉」は、その内在性のうちに直接「詩」を呼びこむ理路をひたすら切り拓いていくのに対し、瀬尾のこの作品は、語り口そのものが詩となりおおせることで、逆にハイデッガー流の言語思想そのものを作品内にみごとに対象化（＝写像化）してしまったのだと言っていい。だから、詩は「言っている」のではなく「呼んでいる」のだという対比がここで語っているのは、詩そのもののことではなく、詩の言葉が本源するその所在についてなのだ。

詩そのものはすでにそこになく、詩の所在だけが言及されている。さて、もうお分かりだろう。瀬尾の作品が新しいのは、詩の言葉がみずからを批評的に語るその語り口を、はじめて詩の文体のみならずその本質にまで据えなおした、詩作品そのものの論理化の試みにおいてなのである。

であるなら詩は、その時、どのようにしてそれを「呼んでいる」のか？

（…）「現在」と呼ばれているのはすでに事後のことであり追認のことなのだ。言語の贋物！　では言語の正体をどこにさがしたらいいのか？　私たちがまずこれらの事後から「遡行」したのは当然のことだった。言語の概念をまず各民族言語やそれの抽象物である一般言語以前へと遡らせる必要があった。各民族語が語る前に存在している「語ること」そのもの。植物や動物や事物が語りそれと同じようにヒトも語っているような言語がどこかに存在しなければならない。だが奇妙なことだ。そこまで遡行してもなお私たちが「現在」の優位を信じたままでいるとは！　生ける現在。意識の現前。微分される現在の痕跡。つねに連続し変容し屈折し裏切るもの。それを私たちは「現在」と名づけてきたのだが。そこには同時に連続せず変容せず屈折も裏切りもしないものがあったのである。突然に襲いかかり不意に断絶し完全に消滅しまた突然に回帰し噴出するもの。諸言語の向こうから突然語りだすもの。あらゆる現在の言語の向こうから言語を通して不断に語っているもの。それを私たちはなんと名づければいいのか。「切り離されたもの」。化石。骸骨。私はそれをもう一度時間の中に置き換え時間の刻み目でそれを呼ぶ。それは「現在」の言葉ではない。それは**正午**の言葉だ。私が忠実であるべきなのは「現在」に対してではない。私の**正午**に対してなのだ。

（「正午」より）

論理が必死になって語ろうとしているのは、やはりここでも「現在」に含まれることのない詩の所在についてである。それにしても、なぜ言語の概念は「各民族言語」や「一般言語」以前にまで遡って語られねばならないのか。おそらく詩の所在がここでは言語の民族性やその裏返しの国際性へと原理的に回収できない場所に想定されているからだ。そして同時に、そのような場所はこの世界内には存在しない。であるならば、ここに引いた言語体は詩ではなく、詩論なのであろうか。

形式的に定義づけるなら、あるいはそう言えるかもしれない。だが、この作品は詩論ではなくあくまで詩として書かれている。詩集に印刷された書物として、これらの言葉が存在していること――この事実はとりわけて重要だ。はたしてこれは、詩にとって一体どのような事態なのであろうか。

おそらく、こうである。詩が空洞化している時代にあっては、詩についてではなく、まさしく詩そのものを論理形式において語ることでしか、詩がほんらい実現すべきであるものを、呼び出すことができないのだ。語り口がこのように転換したあとの言語の姿は、従ってもはやハイデッガー的ではありえず、すでに百パーセント、ウィトゲンシュタイン的だ。

「論理的空間内の事実が世界である」（『論理哲学論考』1・13より）――つまり論理形式がここで詩のなかに呼びこんだものとは、「世界」なのである。

「現在」以前においては、詩がそのうえに「世界」を載せることのできる容器として考えられていたものはメタファー（暗喩）だった。しかし、ここではロジック（論理）が、新たに「世界」をみずからに引き込むための方法的な武器として選択されているのである。

だからこれら一連の言語体は、端的に論理形式をもつ散文体で書かれた詩、だと言っていいだろう。「現在」に対比される「正午」こそが、ここでは詩が本来的に呼んでいるところのものの所在を、唯一言いあてている。だが、かといって「正午」という表象がここで意味するところを言語的に解釈することは、逆に無意味なことだと思う。むしろ「正午」とは言語による解釈を拒絶するところに、その本質を宿しているはずだからだ。

私たちは、ここで一度たちどまって考えてみるべきだろう。「正午」とは、まず未明にはじまり午前と午後をへて、暮れ方から夜へといたる一日の時間の、ひとつの特異点を形成している。つまり「正午」は流露しつづける時間が、一瞬静止したかのような超出の瞬間を私たちにイメージさせるのである。これに対して「現在」とは、永遠につづいていく瞬間々々の連鎖である限りにおいて、それはいかなる意味でも時間の範疇に含まれることはない。かといって、それは「時間」を越えることもない。だが「正午」は時間を越えていく。両者が最もはげしく違いを主張するのはこの点だ。

つまり矛盾するようだが、「正午」の本質はそのようなものであって、「連続せず変容せず屈折も裏切りもしないもの」というような表記の内には初めから充塡されていないのである。であるなら、「正午」の本質は、一体どこに（どのように）存在しているのだろう。

（2）増殖性文字原理

この詩の作者は、おなじ詩集に収録された別の作品において、ある意外な答を私たちに準備していた。

（…）言語は雪の中の人影であり、その自己完結した構造は写像にすぎない、という論理の先に、もう一つの写像を作る必要があった。「決して写像でないもの」は、「写像の写像」を増設することによってしか包括されない――こうして私たちは別の文字を呼び出すことになった。それは書くこと（書記）としての文字ではない。書記は言語の「本質」の延長であり、話し言葉を含めた言語の本質がもっとも明示的に現われている局面である。だがここで考えられるべき文字とは、針葉樹林を抜ける彼の逃亡がただ物質のみを頼りに遂行されるしかないと同様に、戦略と技術が無際限に加担することができ、無限に複製することができ、やがて斜面を越えてどこまでも繁殖するように見える、低温増殖する菌類としての文字である。雪が降っている。彼が針葉樹林のなかを逃げ延びたとき、上空からの（衛星からの）視線は奇跡のように彼の影を捉えていた。雪の中にその黒い姿を浮かび上がらせている天使は、大きく損傷していたが、削ぎ落とされた翼の傷口部分から数個のメッセージを絶え間なく反復発信していた。最良の通信はつねに、よき人々からではなくむしろ敵から、もっとも遠い敵からやってくる。言語の本質から外へ出されている、自動増殖する「文字」こそが、ここでの言語の謎の中心である。針葉樹林を縫ってつづく離脱の道が、文字のテクノロジーの一定のレベルへ引き渡されるところで、測定されるのはもはや書記の意味というよりも、書記の「公開」をめぐる条件である。そこではいつも雪が降っている。書記の公開は、テクノロジーへ引き渡される文字の記名・登記ということ――すなわち「文字の所有」ということに懸かっている。グーテンベルク！（…）

（「グーテンベルク」より）

まっ白な雪原を不安げに移動していく黒い人影――このイメージはとても鮮烈である。白い雪原は、あるいは何もまだ書かれていない白い紙を連想させるし、そこに見える黒い人影は、さもなくば文字の暗喩であろうか。作者がここで最も切実に表明しているのは、詩における「文字の所有」ということだ。さらに人間の直接的な書記行為からきりはなされたところで機械による大量の文字印刷を歴史上はじめて可能にした人物名「グーテンベルク」が、そのタイトルとして冠されている。

瀬尾育生はここで、おそらくこれまで誰もことさらには表明してこなかった詩の新しい原理性に言い及んでいるのではないだろうか。いや、私たちはまだ誰もその新たな原理性について、これまでのところ、うまくその性格を指示する表現を持ってはいないのではないだろうか。あえてそれを名づけるとしたら、さしずめそれは〝増殖性文字原理〟という言い方になるのではないだろうか。

「文字の所有」というトポスを瀬尾が、詩の批評軸として最初に導入したのは、評論集『文字所有者たち』（一九八八年、思潮社）においてだった。そこに現われた「文字」概念は、一般的な言語活動において消尽される伝達媒体としての文字ではなく、瀬尾の言い方をかりれば「文字としての文字」、つまりそれ自体が力の顕在であるような「文字」のことを指していた。

その場合、すでに「文字」は言語活動の一要素ではなくなっており、あるいは言語そのものとも、その位置は微妙にずらされていたのである。そして、言語に代わって「文字」が、このように取りあげられた背景には、やはり「現在」という事態が横たわっていた。つまり、「現在」の識閾においては、詩の言葉といえどももはや価値を自己生成させることがすでに不可能になっており、なおもそこで詩が私たちにとって何らかの力を発揮する源泉であるには、「文字」そのものが持つ「盲目的な力」を焦点化していくしかない論理構造があったのだ。

作品「グーテンベルク」においては、さらにそれらの「文字」が、菌類のように低温増殖する、まったく新しい進化をとげた生き物のように描かれているが、私は詩をとりまくメディア環境がこの十年ほどのあいだに目ざましい高度化をみた現実のなかで、詩という弱小なトポスがメディアによって囲われ、徐々にその居場所を見失っていくばかりなのではなく、むしろ自らがそうしたメディア環境のなかで生きのびていくストラテジーとして、自分自身をこのように「文字」化させていったのだとむしろポジティブに考えたい。

「針葉樹林を縫ってつづく離脱の道が、文字のテクノロジーの一定のレベルへ引き渡されるところで、測定されるのはもはや書記の意味というよりも、書記の「公開」をめぐる条件である」――ふたたびこの詩行に戻ると、それが論理形式を持とうが持つまいが、すでに伝達媒体としての言語からマテリアルとしての「文字」へと次元移動をはたした一連の言語体が、ほんとうに詩であるのかあるいは詩でないのか、外見上はもはや判別する術は存在しない。つまり、詩とそうでないものとを分かつ条件は、すでに両者の形式の内部から別の場所へ移動している。

「書記の「公開」をめぐる条件」がひときわ重要な意味をもってくるのは、およそこうした理由からだ。つまり極論すれば、『アンユナイテッド・ネイションズ』が詩集として編纂されている、すなわちそれの「「公開」をめぐる条件」が詩集として保持されているというその一点において、これらの言語体は詩として定位されるのである。

一般に何らかの言説が公開される条件を決定するのは、媒体すなわちメディアの側にほかならない。いま想定できる詩の〝増殖性文字原理〟は、したたかな新生物のように、こうしたメディアの隅々にまで入りこんで、めまぐるしく増殖する。「言語の本質から外へ出されている、自動増殖する「文字」こそが、ここでの言語の謎の中心である」というフレーズが端的に語っているのは、おそらくそういう意味だ。メディア化する情報環境に抗するのではなく、メディア化の進行それじたいを自らの繁殖のための温床ないしは母胎とする詩の新しいあり方がここには暗示されているといってよい。

そう、もうお分かりのように、言語から「切り離されたもの」つまり「文字」が、その物質言語性をこえて、ふたたび私たちの意識に新鮮な「謎」を植えつけるエネルギー源泉たるには、絶対的にそれが「正午」の言葉でなければならないのである。

ならば、言葉の「正午」を条件づけるものは何か？

（3）文学函数について

「印刷せよ。印刷せよ。印刷せよ。」（瀬尾・同前）――この、やや挑発的な連呼をよみながら、しかし私のなかに未消化のまま残存する疑問がなかったといえば嘘になる。例えば〝増殖性文字原理〟によってたつ詩が、かりに無限に複写され印刷されていったとして、またそこで語っているのが書記の主体（現実の作者）などではなく、「文字」そのものが現前させる未知のエネルギー形態だとして、依然として増え続けるであろう詩作品の基本の表示骨格は、やはり〝タイトル＝固有名＝本体部分〟という三要素をワンセットにしてそのまま継承していくのではないのか。詩作品のグランドデザインともいうべきこの堅固な枠組みが、今後も受け継がれていくとはそもそも何を意味するのか？　また、この枠組みは、はたして詩にとって本質的なものなのか、あるいは詩の外部条項にすぎないものなのか……等々である。

ウィトゲンシュタインは、その『論理哲学論考』のなかで、真理函数の定式化を行ったが、詩的な論理構造において彼が行ったこの定式化が、はたしてどのような変容を被ることになるのかという関心に、私のこれらの疑問はつながっている。

「あらゆる真理函数は、要素命題に有限回の真理操作を継続的に適用したことの結果である」（5.32）

「一命題が与えられると、この命題とともにすでに、この命題を基底とする真理操作一切の結果も与えられている」（5.442）

ここでいう「要素命題」とは、ウィトゲンシュタインにおいては「最も単純な命題」（4.21）とされ、それ自体が「一事態の存立を主張する」（同）ものだとされるが、詩作品の形態（形式ではない）にこの概念を当てはめて考えると、「要素命題」はそのまま詩の「タイトル」に相同することが判るだろう。また「真理函数」はウィトゲンシュタインにおいては厳密なロジックを意味していたが、仮に詩そのものを一個の「命題」として布置しなおすなら、この定言命題は、ロジックの厳密性を脇においても、およそ次のように言い換えられるに違いない。

「詩作品（命題）は、タイトル（要素命題）に有限回の文学操作（真理操作）を適用したことの結果である」——このように〝文学操作〟として詩の成り立ちを基底化しているものの実体を、仮に〈文学函数〉とここで呼んでみることは、当面の作業仮設として許されるのではないだろうか。

なおもそこで詩人の固有名がいかなる必然性を担保することになるのかという問題は、さらに突き詰められるべき次のステップに私たちを導くのである。

＊ウィトゲンシュタインの引用は、ちくま学芸文庫（中平浩司訳）による。

正統的な怪物について

鮎川信夫とゼロ年代詩をつなぐもの

「まったく塗りつぶされたような「無」だ」――吉本隆明が『日本語のゆくえ』（光文社、二〇〇八年）の中で二十代、三十代の若手詩人たちの作品を評して述べた言葉である。ここで言う若手詩人のなかには、西暦二〇〇〇年代に登場してきたいわゆるゼロ年代詩人たちも多く含まれていた。「無」という言葉で、吉本はいったい彼らの詩の何について語ろうとしたのか。そこで彼は、次のように述べている。

結論めいたことをいえば、神話としての現代詩、あるいは神話としての若い人たちの詩ということを考えることはまず不可能だ、そんなことは考えられないぞと思いました。だいたい「無」だよ、ここには何もないよ、というのは何かの兆候だと思いますけれど、そういう兆候だけは非常にはっきりとうかがえた。そういう意味では、これはとても重要な兆候なんだなというふうに解釈しています。

「神話」ということを共同的な幻想の体系（マス・イメージ）と解するなら、若手詩人たちの詩によってそういうものはもはや作れない、とここで吉本は言っていることになる。つまり、彼らの詩を持ってきて第二の『マス・イメージ論』を考えることは自分にはできない、という意味に捉えれば、言われていることとの内容がやや分かりやすくなるのではないだろうか。同時に、そのような「神話」を必要とする人物や勢力といったものも、彼らのあいだにはまったく想定されていないようだとも述べているが、「神話」を擬歴史性の物語と捉えなおせば、わが国における詩史論的な位置づけにおいても、また批評的な意味づけにおいても、これら一連の作品群はみずからの落ち着く場所をどこにも構想していないと言っているように聞こえる。だが、本当にそうなのか。

思えば「修辞的な現在」といい「全体的な喩」といい、あるいは「詩の〈順序〉」といい、これまで吉本が時代の先端に位置する詩表現に対して取ってきた評価のスタンスは、それらを表現の転移していく相において、いわば普遍的な同相変換のもとに把捉することだった。そのベースには彼の『言語にとって美とはなにか』における表現転移論の範式がどうしても見え隠れする。従って、彼がいまの若手詩人の作品を「無」だと言う場合、そこに含意されているのは、現在の詩があまりにも孤絶の度合いを深くしているため、これまで表現の転移が起こる時にはかならず垣間見えていた指示性の根源を、普遍的な範列（パラディグム）として示すことができないという事態なのではないだろうか。であるならば、私たちは、吉本が思考停止したまさにその場所から、自ら考えを進めなければならないだろう。詩は、外部からいかように評されようと、それ自体の生命をかならず内蔵しており、そこに通奏する原理性を発現させることで、はじめて実体として成り立つものだからである。

現在の若手詩人たちの作品を、本質のところで規定している表現への意志は、どこにその淵源を有するものなのか。私はそのことを、二人のゼロ年代詩人——中尾太一と岸田将幸の作品を中心に考察してみたいと思う。大きな道筋を示すなら、鮎川信夫がその最初の導線を引いた戦後詩的原理のとりわけ際立っている特性――仮にそれを、死者の存在性格を媒介にした表現意識（＝死者の方法）とでも呼んでおく――の潜在的流れの行方を批評的に掘り起こすなかで、彼らの詩作品が現在、指し示しているはずの到達点を見定めたいと思うのである。

中尾の詩集『御世の戦示の木の下で』（思潮社）から、任意の箇所を以下に引用する。

指で模したプシュケイという名前の飛行船が浮かんでいる
「ぼんやり革命」に関する夏の淘汰の跡に水が流れている
書架、バチルス、ノマド、雛罌粟
それら、言葉の力への抗戦を意味した天体にはもう風が吹いていて
草木のかがよいに反射する補語を持った魂は天上に伴われていく
狭すぎる空に無言の白い線が引かれ
実数で割り切れる光がその溝を流れていた

とうに命を測り終えた静物のような運命の内側に水が満ちて
小さな苦しみも、罪も、溢れることがない
僕は昨日犯したことを今日もまた試してみる、と
切り分けた電線の方々で児戯が言う、それを

（「御世の戦示の木の下で」より）

児戯の母は独学で受け止めている
「まっすぐにどこまでも落ちて、星を単位とする児戯を御世の戦後に見せに行け」
僕は御世の戦示を流れる川で、人になれないものと遊泳している

（同前）

僕たちはいつか僕たちの家を訪ね
その根方に石を当てたら崩れる実数の一時期に遊ぼう
その後、僕たちの作った物質は風雨に耐える空の墓標になる
その墓標の天の言葉で、僕は地面に「あいうえお」と書き始めていた
そのすべて、虚数の組み合わせも含めた無限の組み合わせの中から
「このよのつみをかぶる」
という文字の組み合わせと確率を見つけた
Воппа、戦争があった、戦争がある
もっとも速い言葉の原型を持って、みんなそのあわいに入っていく、木漏れ日に
化身していく
その直前の、ほんの一瞬でいい
失くしたうたに歌われているわれわれの来世に関する記述を、見せて欲しい
分解した重機のもげた口が、自動的に呟いている

（同前）

一読してやってくるのは、これらの表現の質が七〇年代後半に起こった詩的ラディカリズムの表出パターンと、見事なまでに通底しているという印象だ。無論それは直感的なもので、論証的な事実ではいささかもない。では何がそうした印象をもたらすのかと言えば、語と語のつなぎ方のスタイルにその類似の妙は込められているのだと、ひとまずは指摘することができるだろう。だが、それ以上に重要なのは、両者のあいだに横たわる微妙だが決定的と言っていい差異、つまり詩を成り立たせている原理部分におけるところの両者の懸隔なのである。

ひとことで言うなら、七〇年代における表出のラディカリズムは、自らの依ってきたる根源をあくまで不在性として、いわばア・プリオリな欠格状態のまま露出させていたのに対し、中尾の言語表出においては、それが疑いようもない内的誘因として現前しているにもかかわらず、自らを名づける方途を先験的に有しないため、むしろ表現面における語の選択のほうが遅延してやってくる、そんな印象の違いなのだ。

自分の詩をはっきり「抒情詩」だと断言する中尾は、「「どうしても伝えたい」、という幼い覚醒が小さく、はっきりと聞こえ始めている。この声に向かう全身こそ自分たちが忘れてはならない「絶対抒情主体」だと思う」と前詩集（『数式に物語を代入しながら何も言わなくなったFに、掲げる詩集』）のあとがき部分で述べていた。そして中尾のこの表明は、私の見る限り、その作品を決して裏切ってはいない。「絶対抒情主体」という言い方で中尾がみずから自認するところの表現意志は、さらに批評的に敷衍されなければならないが、一貫して非人称の語りを領導している透明な発話者が、私にはすでに脱魂を果たした抒情主体、すなわち、すでに死者となりおおせた仮構の作者のように思われてならない。その口が発する聞き取れない呟き声の自動筆記が、中尾の作品の根本属性ではないかとさえ映ってしまうのだ。発話はどこまでも連続していくのに、発話の主はそこにいなくて、冥界の風のような寂寥感が、詩行間をただ茫々と吹きぬけていく。みずからの言葉がそうした異界からの磁場に晒される書記体験を重ねていく中で、中尾はおそらく無意識の内に、死者の存在性格を表現意識の基底にすえるような詩作原理へとたどり着いたのではないだろうか。

ところで〈死者の方法〉というものが、わが国の詩文学の歴史において明確に意識されだすのは、鮎川信夫以降のことではないかと思う。特に戦中から戦後のわが国の思想風土にあって、表現者の意志が絶対者の不在にもかかわらず、なおも究極的なものからの視線を言葉に捕捉しようとした時、そこで唯一必然化された方法原理が、私は〈死者の方法〉と呼びうるものだったと思う。究極的なものを、ここで倫理性の根源と呼び換えてもよい。詩を書く主体がみずからの場所を死者＝不在に明け渡すことにより、いわば第二の表出主体をそこに亡霊のように仮構する。その結果、昨日まで現実と思えていた世界は一挙に消え去り、書き手の一次感情はことごとく滅却される一方で、誰とも知れぬ語り手＝死者が詩のなかで何ごとかを語りはじめる。そこで語るのがなぜ死者なのかといえば、死者こそは詩の書き手たる者の実存的関心の一切を、ただ独り全的に担いうる存在だからだ。

鮎川の場合、死者とは第一義的には戦争の死者たち以外ではなかった。そうやって、言葉を死者の視線によって刺し貫かせることにより、巨大な虚無に孕まれながらも、倫理の根源へと手を差し伸ばしていった一群の詩作品が、わが国の戦後詩の初発を規定したと言っても過言ではない。

北川透は、直近の鮎川信夫論を「戦後詩〈他界〉論」として発表している（「詩論へ」2号、首都大学東京現代詩センター、二〇一〇年）。これまで戦後の詩の歴史において原点的位置を占めてきた「荒地」派、その中心存在としての鮎川信夫像を、北川は非詩史的な観点から再定位する構想のもとに、「他界」というトポスをそこに周到に呼び込んでいる。同時にそのことは、鮎川の作品に対してもまったく新たな解釈の次元を闡明することになった。北川はそこでこう述べる。

（…）方法としての〈他界〉においては、二つの領域が交錯する。一つは先に近代の文学、詩の例だけでなく、古代の詩歌、物語から普遍的に意識されている生の中の死、死後という側面である。これはいわば文学に時代を超えて貫通する時間性、連続性として把握されねばならない。もう一つは、その〈他界〉を特質付けている時代環境、場所、個人的な、あるいは共同の体験などである。共時態として現象するこの両者は、分かちがたく交錯し、溶け合っているが、その強度に違いがある。どんな〈他界〉も、この二つが交錯するところで意識され、表現されるが、戦後詩、とりわけ「荒地」の詩人における〈他界〉の創出には、戦争で体験された死（の意識）が、強く働くことになったのは当然であろう。なかでも、鮎川信夫においては、そうした体験の強度が、普遍的に死を意識する時間性に媒介され、一篇の作品として、〈他界〉に転化していることが多い。（「二　戦中・戦後体験から〈他界〉へ」）

おそらく吉本的な表現転移論の発想の網目からは、ここに開示されてあるような詩表現の特異な原理性の水脈は、捕捉しきれないのではないだろうか。私がそう考える理由は、〈他界〉とはこの場合空間性ではなく、じつは時間性だけが支配する世界であって、例えばそれが抒情詩であるなら、それは消え去った抒情主体の痕跡のうえに読み手の側の意識が同致をみた時はじめて視界に広がってくる、他と完全に孤絶した特異な表現の地平に他ならないからだ。比喩として言えば、そこは生者がことごとく死に絶え、死者たち——あの書き手たる者の実存的関心の一切を、全的に担いうる影の存在としての死者たちが、ようやく生きて動きはじめる世界なのである。

普遍的な詩文学の歴史性にも、個別的な表現者の履歴にも還元しきれない作品特性の中心的な傾向のひとつが、間違いなくこういう場所に起源しているという感触を私は持つ。とりわけ岸田将幸の詩集『〈孤絶‐角〉』（思潮社）において、それはひとつの極点を示しているのではないだろうか。彼の収録作品から、またも任意の部分を引用する。

新たな数式を生まねばならない。きっとそれは次の人がぎりぎり踏み外すことのない足場となるはずだ。その数式は彼を沈黙させ、彼はしばらく別のところでうなだれて生きて行かなくてはならなかったかもしれない。しかしだ、その別の場所を育んだのはある死者の息づかいの跡であったかもしれない。そうして彼はある死者の跡を引き受けつつ、また別の人を生かしめるために別の場所に立ったのかもしれない。数式から外れる彼の暮らしは実はある死者の存在を事後、認めることであったのかもしれない。ある死者はひとりで死者になってしまった。しかしだ、ある死者は彼によって死者として生きる、つまり再生したのだということだ。死の瞬間をわたしが引き受け得るとは云えない。それは彼にだけに付与される物語の徹底的な拒否の権利であるだろうから。そして物語を拒否し続けるためにある死者は彼を待ち望んでいたのだろうと思う。ある死者とは別のところで彼が生きることによって、ある死者は拒絶し続けられるはずだ、ある死者が彼によって入れ替わることを。わたしは固有性を問題にしている。生き直すことがわたしによってではなく彼によってだとしたら、それは暴力である拒否せよとわたしは命じておく。ある死者はある死者として生きるべきだ。つまり、彼は彼において承認されるべきであると。（…）わたしはひとり立ちすくむ。わたしが抱えるのはわたし以上の物語だ、選択された跡をわたしは歩いた、これは彼が選択した跡、わたしはその跡を選択して歩いた。これは希望だ、跡は物語る、わたしを超えて、わたしの物語を語り続ける。彼は遠く去ってわたしのとなりを歩いている、これは彼なのか。それともわたしなのか、わたしは歩くたびに、彼を確かめるたびにわたしの余地が広がってゆく。あなたはそこに現れた。わたしにおいてあなたは生きている、記述を急ぐな、あなたはわたしのとなりで息をしている、わたしがあなたにおいてわたしを息づかせるかのように。（…）（『〈孤絶－角〉』より）

岸田の真骨頂はこのような箇所にも全面的に露出している。作品構成のうえで「死者」をこれほどまで見事に方法化した前例を、私は知らない。これらの語脈を繋ぎとめているものは形式的な論理だろうか、あるいは機械的な文法だろうか。無論そのどちらでもありながら、また、そのどちらでもないように私には映る。もし単なる意匠として「死者」という表象が動員されているだけなら、これだけの長さに堪える以前にモチーフは確実に破綻をきたしていたはずだ。つまり、この作品の最大の特徴は、表明されることを欲する思想と、そのために選び取られた形象群とが、語りの時間的継起を媒介にして象徴連合としても意味連関としてもまったく稀有な有機的結合を果たしている姿にある。

それだけではない。仮構の語り手がみずから語るべきことの核心を間違いなくつかまえて語っているという、じつに確かな読後の印象が残る。そしてこの印象は、圧倒的である。さらに私が舌を巻くのは、この極度に張りつめた文体上のテンションを、あの誰のものでもない究極からの視線が終始一貫して統べている記述に、作品中の至る所で出会うことなのである。作品の持続を最後のぎりぎりのところで持ちこたえさせるのは、この記述の倫理性とでも呼ぶしかないような何かであり、その見えない源泉が、岸田にこのような詩を啓示のように書かせているのだと考える他はない。

ここまで中尾太一と岸田将幸のふたりの作品に即して、私なりの読みを対置してきたわけだが、まったく個性の異なる両者の作品に、しかし、どこか共通して取り出せる文体上の素因が私はずっとどこかにあるような気がしてならなかった。恐らく「絶対抒情主体」を言う中尾にしても、「死者」を徹底して方法化する岸田にしても、ヤコブソンの有名なあの一般的定式――「詩的機能は等価の原理を選択(範列)の軸から結合(連辞)の軸へ投影する」――が、そこで極端に過激化したかたちで意図的に選び取られていることと、それは深く関係しているように思われる。

例えば意味を追いかけようとすれば追いかけられそうなのに、絶妙にその試みは挫折を余儀なくされる。両者の作品は、いずれもそのような書き方において共通である。こうした書記法は、特に最近の詩においては特段に珍しいものではなく、むしろ見慣れた手練に属すると言っていいのだが、ただ、二人に特徴的なのは、詩文を構成する連辞(サンタグム)の結合関係そのものの内に、有機的な生体感覚といってもよいしなやかさが常に担保されて、作品中くり返しそれが自己生成されてくる点にある。単にそれは、語と語の関係において意味を脱臼させる目的で採用された手法ともまったく違い、むしろ言葉の意味Aと意味Bとは、未知の生命体の無限に続く関節結合のように、相互にかっちりと嵌り合ってさえいるのである。そこでは、連続的な意味の脈絡はいぜん不明であっても、なぜか連辞的な関係性までが損なわれているようには全然感じられない。

ならば、一般的な連辞関係の投影がそこに意味論的類似の戯れをもたらしているだけなのかといえば、また決してそうではないのだ。彼らが創出しているのは、こう言ってよければ、詩的エクリチュールとして初めて獲得された未知の連辞関係であり、イメージを以って例えるなら肩甲骨に大腿骨が接続されてあるような、あるいは鎖骨に脛骨が接続されてあるような、ちょっと異様としか言いようがない記述の風体なのだ。そして、作品のこの異貌な体軀は一個一個の言葉の集合体としてまちがいなく生きて呼吸している。つまり、神経や筋肉や皮膚を具備するまぎれもない生命体として、言葉の新次元にすでに生息しはじめている。死者たちがもたらした存在の深淵から、見たこともない生き物としてみずから生命をむしり取ってきたそれらは、言葉の真正な意味で怪物と呼ぶに相応しい。

それにしても、中尾が「戦争」を語り、岸田が「死者」を語る、それも本質的に語りだしているこの二〇〇〇年代の光景とは、いったい何なのか。

これまでの時代にあっても、〈死者の方法〉が必然化される背景には、必ずそこに〝どうにも生きられない〟(菅谷規矩雄)という生存の側からの極度の窮迫や深い絶望感といったものが暗示されていた。鮎川信夫がその最初の導線を引いたところの〈死者の方法〉――それを世界戦争後の苦難の時代に、詩人たちが否応なく呑まざるを得なかった苦汁の盃として、戦後詩の正統的な詩脈の根底に位置づけ得るならば、その流れは半世紀の時空を超え、現在、ゼロ年代詩人と呼ばれる彼等ふたりの作品中に、未聞の証跡を刻印しつつあるのだとは言えないだろうか。戦後詩の流れがすでに完全に潰えて久しい二〇〇〇年代、そこに突如として現れた正統的な詩の怪物。その怪物の影像を、ゼロ年代のほかの多くの詩人たちの作品中にあぶりだす作業は、まだ誰によっても十分に為されているとは言いがたいが、詩の批評に課せられた新たな課題の切っ先を、この怪物たちはそのまま間違いなく私たちに突きつけているのである。

III 詩論時評

「自己表出」が「自己表出」に出遇うとき

新しく詩論時評を書かせていただくことになった。さしあたって指針めいたものが何かあるわけではない。ひとつだけあるとすれば、対象をできるだけ限定したくないということぐらいだろうか。詩論は私のイメージでは、詩学も詩批評も詩作品すらもそのなかに含みうる。散文脈で書かれた詩こそが、広い意味での詩論だと言ってもいいとまで考えている。だから、極端な話、文学としてジャンル分けされないものの中にも〝詩論〟は存在しうるし、一方で、そうした詩論ならぬ〝詩論〟の発見には最大限の自由さで臨みたいと思っている。また、そういうレアなケースをまっ先に掘りあてる任に着けることこそが、じつは時評子に与えられたまたとない特権でもあるだろう。

と、そんなことをあれこれ考えていたら、いきなり真っ向勝負の直球を投げ込まれ、一瞬、足がすくむような稀有な出会いを私は経験することになったのだ。

築山登美夫『無言歌』（論創社）は、そうやって読む者をたじろがせずにはいない真正の怒りと激しい気迫とに満ちみちた詩文集だった。

この本には、「詩と批評」のサブタイトルが示す通り、詩作品と批評作品が一冊のなかに共存している。

収録作品は築山が参加している同人雑誌「LEIDEN—雷電」に発表されたものが中心になっているが、無論、そればかりではない。そして「あとがきにかへて」によると、本書を構成するどの作品もが3・11後の情況下で構想され、いわばその情況と一体化するように生みだされていったものであったことが判る。本書のこれが第一の背景野である。さらにもうひとつ重要な特徴がある。本書は、もっともボリュームのあるII部が「詩人のかたみ　吉本隆明論抄」とあるように、3・11のほぼ一年後に亡くなった吉本隆明への追悼の影を、全体に色濃く宿していることである。

「詩と批評を併せて収めた本をつくるのは念願でした。詩、小説、演劇、批評のうち、詩を序列第一とするのは吉本さんの持論であり、私どもの「ライデン」も「詩批評／批評詩」をサブタイトルとして（いさゝか羊頭狗肉ぎみではありますが）掲げてゐます」（「あとがきにかへて」）——築山はここで、吉本のことばを引きながら「詩が第一であり、詩人が最高位であることの意味」にまで言い及ぶ。詩の原理に貫かれた危機の時代の類まれな情況論の復活を、あきらかに本書は告げ知らせていると私には映った。

就中、III部に収められた講演録「抒情詩を超えて」は、私たちの詩論の現在にとって、きわめて重大な意味を投げかけるものだ。何がそこでは語られているのか。もっとも重要と思われる部分は、吉本の『言語にとって美とはなにか』第二部「構成論」における「詩→物語→劇」という、すでによく知られたあの図式が、単なる文学的表現水準の進化（高度化）過程をなぞったものではなく、それがまさしく「詩」の内部的な進化（高度化）過程を詩論的に描出したものにほかならないという、目の覚めるような新しい読解である。「抒情詩を超えて」の中心のモチーフについて、築山は次のように述べている。

先ほどの「構成論」のつゞきになるんですが、文学作品の構成は「物語」で終わりぢやなくてですね、そのつぎに来るのが「劇」であるわけです。「劇」つていふのは何かつて云ひますと、作者がくゝり出した語り手が作品を語るのが「物語」だとすると、「劇」つていふのはその語り手が複数の登場人物をくゝり出して、登場人物が作品世界を語るといふことが特徴なわけです。(…)「劇」と云ひますと、イコール「演劇」ととられた方もゐると思ひますが、さうではありません。「詩的言語帯」を超え、さらに「物語言語帯」を超えた、「劇的言語帯」での作品の構成をもつてゐるものを、こゝでは「劇」と云つてゐるのです。(193頁)

私はこれまで何度となく吉本のこの著作に言及してきたが、このような読み方に想到したことはついにこれまで一度もなかったので、こうした解釈の出現は真に驚きであった。築山はすでに「近代以後の詩は「劇的言語帯」の成立以後」に属しているのだと言う。さらに、世界内部の混乱や惨劇といったものを「全体的に表現のなかにとらへるためには、詩といへども、「劇」――「劇的言語帯」にのりあげた表現にはひらないと、とても現在の表現にはなりえない」(200頁)とも述べている。平易な語り口で書かれているものの、この指摘が突きつけてくる意味は、ことに詩の実作者にとっては限りなく重いものに感じられてならないのである。

ところで、『吉本隆明〈未収録〉講演集』全12巻(筑摩書房)が完結した。特に、最終巻に収録の「芸術言語論」(於二〇〇八年七月十九日 吉本隆明講演会)は、吉本最晩年の表現思想がいかなるものだったかを推し量るうえで、貴重な内容を含んでいる。太宰治の小説「善蔵を思ふ」に言及したところで、吉本は次のように言っている。

> （…）葛西善蔵というのは破天荒な人生を送って一般社会の人から毛嫌いされ、それまでなかったような無茶苦茶な私小説を書いた人です。でもそれは、心ある体験をした人が読めば感心せざるを得ないような私小説です。そのことを云いたいがために、「善蔵を思ふ」を書いたことは、標題を見ればすぐに見当がつきます。本来、作品というのはそこまで読み込まなければいけないわけですが、文学にはそこまで読む人を強制する力はない。言い方を変えれば、文学は読者に強制することを潔しとしないのです。読者が偶然ある本を読み、自分と同じようなことを考えている人がいるんだということに気づく。あるいは、自分はここまでしか考えられなかったのに、この人はもっと奥を考えているということに気づく。文学芸術にたいする感銘というのは、作家の自己表出と読者のそれとが偶然に出遇った時にしか起こり得ない。文学芸術には、それ以外の力はないわけです。（38頁、傍点引用者）

「自己表出」という単語が、ここにはなぜか唐突に現われる。吉本はこの「芸術言語論」において「自己表出」という言葉を、終始一貫して、自己が沈黙のうちに自己へと語りかける言葉、つまり沈黙の有意味性といった意味あいで使っている。私のように若い時分から吉本の『言語美』にふかく影響されてきた人間にしてみれば、「自己表出」という語のこうした使われ方には、どうしても一定の違和感を禁じ得ない。というのも、本来、「自己表出」とは、意識がなにごとかを言わねばならなくなって発せられた言葉の、発生的な一側面のことであり、それは同時に言語の価値概念をいうときの根本機制でもあったからである。

従って、「自己表出」は話される言葉にも、書かれた言葉にも、表現された言葉にも内在する、そういうものであるはずだった。

だが、「芸術言語論」にあっては、それが自分で自分に語りかける沈黙のなかの言葉というように、やや一般化されて使われている。分かりやすくなった反面、語義の厳密さが損なわれてしまったような気がして仕方がなかったのである。

実を言えば私は、かねてより吉本の『言語美』に多大なる崇敬の念を抱いてはきたものの、それを詩論として読んだ場合に、どこか隔靴掻痒の恨みを残しつづける感覚にずっと囚われてきた。というのは、「自己表出」にしろ「指示表出」にしろ、それらは概念としての魅力には事欠かなかった一方で、ひとたび文学作品の魅力の説明原理に転化しようとすると、一気に役に立たなくなるといった残念な経験を味わってきたからである。言い換えれば、文学作品のエロス的な要素を受けとめる語彙と論理が、そこでは極端に不足していたのだ。『言語美』に弱点があるとすれば、その主要部分がここにあると私は勝手に決め込んでいた。

傍点部で言われているのは、作家の「自己表出」と読者の「自己表出」との偶然的な出遇いの妙についてである。実際の場面では、言語作品が発する表現価値を、読む者の意識が奇跡的にキャッチするといった、そんなイメージに違いない。「感銘」と吉本は記しているが、文学的な感銘とは言葉の無償なエロスに身を任せる体験以外のことであろうはずがない。つまり、「自己表出」と「自己表出」の出遇いこそが、文学ひいては詩の言葉の陶酔的な美の実質を言いあてるところの語法として、吉本が発明した最終的な表現思想だったのではないかと思う。

「レトリックの思想」と歴史認識

戦後七十年を経過した現在、にわかに〝戦前〟回帰的な現象があちこちで見られるようになった。諸悪の大半は歴史的かつ構造的に生じてきたものであるが、それを極右的体質の安倍反動政権がたくみに強化する方向で暴走しているのが現状だ。メディアへの締付けなどは、そのほんの一端に過ぎない。SNSの時代になり、私たちは共有する情報も劇的に増えた一方で、逆に新手の世論操作のみえない罠にはめられていない保証はどこにもない。

「かつての愛国詩・戦争詩の言語の質は、詩人たちがみずからの国家意識、共同体や郷土意識を強力に刺激されたり、煽られたりすると魔法にかかったように浮き出てくる」——北川透が発行する「KYO峡」9号掲載の論考「戦後詩論はどこで成立したか——詩人の戦争責任追及をめぐって」は、直接には一九五〇年代半ばに鮎川信夫から吉本隆明に引き継がれる詩人の戦争責任追及の思想が、複眼的に深化していくプロセスを跡付けたものだが、私にはむしろこうした骨太の論がいまのこの時代に書かれた事実に大いに励まされつつも、それが間違いなく現在への警鐘にもつながっていることに反復強迫的な不安を覚えざるをえなかった。

戦争下であろうとなかろうと、詩人の方法（意識）は、国家や社会的テーマに触れざるをえない時がある。それを沈黙によって避けない以上、みずからのことばが政治や社会の動向と関わりながら、あるいは影響を受けながら、それとは自律して存在するための感覚、思考、さらに思想が組織されねばならない、ということは当然だ。そこに詩人の思想的、倫理的な責任も生じる。つまり、詩人（文学者）の戦争責任を追及するということは、当時、必然的に戦後十年の現在の社会に関わる、みずからの方法の在り方が問われた、ということだ。そして、その現在とは、さらに十年後、五十年後、百年後の現在にも通じる責任を発生させる。それを引き受けることでなければ、現代詩（文学）を刺し貫いている戦争詩（戦争文学）、愛国詩（愛国文学）の遺伝子から、わたしたちはこれからもなお自由になることができないだろう。

（「戦後詩論はどこで成立したか」）

私は、誰がどんな詩を書いてもまったく自由であるし、またそれを他人が絶対に制約すべきではないと考える者だ。そのことを敷衍すれば、過去に「戦争詩」や「愛国詩」をものした詩人たちも、自由な創作意思によって彼等の作品を残したにすぎないということになる。ならばこの理屈でいくと、「戦争詩」や「愛国詩」が書かれたことに批判されるべき理由がないのかというと、決してそういうことではない。北川がここで述べているのは、こういう話とはまったく次元スケールを異にする詩の存在根拠に関わる問題なのである。

「ことばを支える根底の迎合意識において、その方法的無自覚さにおいて、いまなお戦争詩や愛国詩は書き継がれている、とわたしたちも思った方がいいだろう」(北川)——人間が間違う存在であるように、国家も間違うし歴史も間違うし、むろん文学も、詩も大いに間違うし、また今後も間違いつづけるだろう。だが、自分が間違っているのかどうか、本当のところをリアルタイムで知る術はないのだ。詩論の役割があるとすれば、ひとつはそういう部分にかすかな知性の照明を当て続けることなのではないだろうか。そうでなければ、将来、「愛国詩を書いてなにが悪い」というような無=自覚的な書き手が現れてきても、私たちは戦うことすらできなくなるだろう。

ここにきて、『北川透 現代詩論集成2——戦後詩論 変容する多面体』(思潮社)が刊行された。戦後のわが国におけるシュルレアリスムの影響関係に新たな光を当てた「I 現代詩、もうひとつの戦後空間」、また戦後詩人論を収めた「II 多面体としての、戦後の詩」および「谷川雁論」「黒田喜夫論」から成る「III 詩と反詩、せめぎあうプラズマ」を、本書は、その三部だての内容として持つ。執筆年次も最も古いものが一九六三年、また最も新しいものが二〇一四年と、五十四年間ものタイムスパンを有している。「詩論集成」という書物の性格上、このように包括的な構成になるのは首肯できるとして、さらに本書には「「あとがき」に代えて」の副題をもつ「なぜ、戦後詩なのか」という新たに書き下ろされた一文が追加されているのだ。そのタイトルを見たとき、私はそれが、北川が他ならぬ自分自身にむけて放った古くて新しい問いかけなのだと直感した。今回収録した論考がかつて自らが書いた一連の戦後詩論であるという理由以上に、私はそのなかで批判的に検討されているのが、意外にも吉本隆明の戦後詩観であったことに軽い驚きを感じると共に、北川の根底にあるモチベーションの一端を図らずも垣間見たような気がしたのである。そのことが意味しているのは、〈戦後〉がすでに終焉しているとしても、「戦後詩」をめぐる詩論上の問題はまだ全然終わっていないという点に、北川の問題意識がいまも置かれ続けているということ以外ではない。それ自身の中に強固な倫理観を宿し、「日常の自然感性」を「根こそぎ疑う」ことを強いられた詩」という吉本の「戦後詩」の定義に対して、北川はここで大きな疑問を投げかける。そのうえで次のように述べている。

(…)戦後詩が読まれないのは、おそらく《日常の自然感性を根こそぎ疑》ったからではないし、《認識ないしは批評を絶えず感性や感覚の中に包括しながら詩が展開》されたからでもない、と思う。端的に言えば、読者にとってその言語が未知、未経験の詩の言語だったからではないのか。本当はそれが読者の気づかない深層の同時代意識と、強い感応を引き起こすのに……。むしろ、これから、戦後詩が生き残っていくとすれば、それこそが戦後詩のかけがえのない貴重な体験になるだろう、と思う。しかし、吉本の戦後詩の概念で考えなければならないのは、戦後詩の概念が体験や認識一点張りになっていることである。それは戦後詩を〈体験〉に、七〇年代後半の詩の新しさを〈修辞〉に機械的に振り分ける二分法的思考にも働いている。

(「なぜ、戦後詩なのか」、《 》は吉本からの引用部分)

何が言われているのか若干の補足をさせてもらえば、戦後詩に比べ相対的によく読まれている中原中也や立原道造や三好達治や山村暮鳥などの作品といえども、決して一般人に分かりやすい「日常の自然感性」を歌ったものが現在読まれている訳ではなく、むしろ当時の詩的言語状況に鋭い違和をしめすかたちで創作された「未知、未経験」の作品こそが、その後、読者に淘汰され、後世にまで生き残って、いまも読み継がれているという事実が言われているのだ。その未発見の原理を戦後詩にも当てはめるとすれば、どういうことになるのだろうか。

わたしが戦後の現代詩から学んだことの一つは、修辞、あるいはレトリックとは思想だ、ということだ。むろん、そんなことは、誰も言っていないかも知れない。しかし、特に田村隆一、吉岡実、谷川雁、谷川俊太郎、岩田宏などの詩から、それは強烈に感じたことだ。（…）詩人のレトリックの思想とは、まさしく直接的な体験を無化し、それを詩の体験に変貌させる感覚の喜びであり、ことばの音楽を創りだす耳の慰楽であり、未知のイメージやヴィジョンに投身する魔術的な発条の仕組みであり、欲望や狂気を解放したり、潜在させたりする不安な開閉器である。（同前）

年齢を感じさせない旺盛な詩作活動を、現在も継続する北川ならではの発言である。彼はここで「レトリックの思想」こそが、詩にとっては第一義的に重要だと言っているのである。瞠目させられるのは、創作者としてのその活動が、詩作面のみならず理論面においても営々と同時進行していることだ。というのは、「KYO峡」に連載中の評論「吉本隆明の詩と思想」は、連載第十一回目（十一号）から吉本の『言語にとって美とはなにか』を対象に、その本質的な批判が展開されているからである。私は、先にひいた吉本の戦後詩観への北川の批判と、「KYO峡」で開始された『言語美』批判とは、完全に表裏一体の意味を担っているものだと思う。「角川ソフィア文庫版まえがき」（二〇〇一年九月）の吉本自身による「わたしはやっと今頃になって表現された言葉は指示表出と自己表出の織物だ、と簡単に言えるようになった」という言葉に喰いつくところから、北川の吉本批判は開始される。管見では彼の『言語美』批判の核心は、以下のような箇所にもっとも鮮明に現れている。

わたしたちがあくまで表現としての言語という立場に拠るなら、吉本の言うように《表現された言葉は指示表出と自己表出の織物》というとらえ方は疑われてよい。《表現された言葉》は、語り手の意志によって、二重に選択された表現活動である、と捉えられるべきではないのか。繰り返して述べることになるが、そこにはことばが線条として連なる統語関係と、横並びに網状に潜伏している無数のことばからの取捨関係とを支配する、言語のシステムが働いている。言うまでもなく、人間の生というものは、沈黙や失語も含めて、広義の言語による表現活動そのものだと言ってよい。それなくして協働の意志によって生まれる、労働も仕事も生産も消費も成り立たない。この言語活動を中枢で支えている言語規範を、わたしたちが全面的に受け入れる他ない受動性は、同時に語り手が意志的に選択し、逸脱する能動性そのものだ、と言ってもいいだろう。

（「吉本隆明の詩と思想」、「ＫＹＯ峡」11号）

ここで特徴的なのは、言語の〈指示表出〉と〈自己表出〉の二本の軸に加えて、もう一本〈語り手の意志〉という軸が新たに登場していることだ。文学作品に限らず、言語表現は語り手の能動的な表現意志がなくては成立せず、それが言語の体系と二重化することによってひとつの表現体へと実体化するという視点が、吉本の『言語美』には希薄だと北川は言っているように聞こえる。確かにそれは『言語美』の論理体系のなかで最大の弱点と言ってもいい核心部分を突いた指摘であろう。「わたしは詩に絶望したことがない」(「なぜ、戦後詩なのか」)――この自信とも矜持とも取れるフレーズは、北川が自らの詩人としての成熟をそこに賭けたという自負いがいのなにものでもないだろう。こう言い切るためにこそ、彼のこれら一連の精力的な仕事も、その最終着地点における未生の意味を私たちに向け発信し続けるに違いない。

しかし一方で、北川もそこで言及していた「戦後詩の困難」については、結果としてそのまま据え置かれたという印象を、私はどうしても拭いきれないでいる。すなわち、その「困難」とは、彼によって「戦後思想や戦後文学とも連動した、圧倒的なマルクス主義(→スターリニズム)の影響と、それを拒否する論理との間で、神経的に痙攣する言語空間を作り出してしまった」ことだと指摘されるところの一連の経験である。例えばそれは、谷川雁や黒田喜夫、安東次男、関根弘、岩田宏らに「詩の言語の展開を歪めたり、挫折させてしまった」ものであり、鮎川信夫や田村隆一など「荒地」派の詩人たちに「滅び、絶望、疲労に象徴される、終末的な類型表現を生みださ」せたものであり、さらには吉本隆明に「「固有時との対話」から、「転位のための十篇」への性急過ぎる屈折を強いた」もののことだ。これらはすべて、戦中から戦後そして冷戦期へと至る国内外の現実の歴史過程によって必然的にもたらされた経験群であり、戦後詩を戦後詩たらしめた言語外の消し去れぬ背景の現実要因であったのは疑いない。言語表現の問題から入らずに、歴史認識や国際関係の問題から戦後詩史へとアクセスしようと思えば、無論、さまざまな切り口からの論点を無尽蔵に提供するだろうところの全体世界のことだと、ひとまずは理解しておいていいだろう。無論、われわれの戦後詩も決してそこから自由ではあり得なかったこの困難な領域は、言語表現の問題よりもよっぽど切実な実存的課題を人々に強いたであろうことは想像に難くない。

こうした歴史認識の問題は、鮎川信夫の評価に関しても深い影を落とし続けている。第二次大戦後のわが国で新たな時代の詩をリードした大きな存在の一人である鮎川信夫について、ここ一、二年ルネサンスとでも言えるようないくつかの動きが見受けられる。これまで戦後詩史論の文脈で、もっぱら「荒地」派の思想的な領導者として語られることの多かった鮎川だが、その生い立ちにまで遡った全体的な人物像の再発掘や、戦後詩人としての像を統べているモダニズム詩人としての感性的側面に触れた論評などが相次ぎ発表されているからだ。野沢啓による論考「鮎川信夫という方法（1）」（「走都」第二次創刊号）も、詩をめぐる言説内部に、現在、そうした一連の趨勢のあることを改めて想起させるものだった。

まとまった鮎川論としては、すでに野沢には「現代詩手帖」（二〇一六年四月号から八月号まで）に五回にわたって連載した論考「鮎川信夫とは誰か」が存在する。

野沢の弁によれば雑誌連載の論考は、鮎川の「伝記的側面を洗い直す」ことによりその神格化の解体（＝神話はがし）を企図したものであり、対して今回の論考はいわばその第二部に当たるものとして「ありうべき現代の詩を模索するため」新規に企図されたという位置づけになるようだ。「鮎川がその同時代のなかで果たした役割について考えてみると、そこに鮎川個人の実存を超えた、あるいはそういったものを関与させない独自の意識のありかたを認めることができる」（「1　モダニズムから新たな意味の発見へ」）――こうした基本認識のもとに、野沢は「それは形をとり始めたばかりの〈戦後詩〉のあるべき姿にたいする責任意識というかリーダーシップとも言うべき、みずから選択した社会意識によって要請されたものではないか」との自身の仮説を述べている。この論考が、詩人鮎川信夫をより普遍的な視角から思想的に捉え直そうとする性格の試みであることが、このような箇所からも窺い知れる。だが探求されるべき問題はさらにその先にあるのだ。

野沢はそれを、「荒地」派の詩が戦後のある時期「圧倒的な感性」(北川透)として同時代の詩を支配しえたまぎれもない事実を、現在的な視点からどのように受け止めるべきかという歴史認識上の問題として新たに提出するのである。そして、「荒地」派のこうした優位性の拠りどころが、「第一次世界大戦後ヨーロッパの荒廃を目の前にしたヨーロッパの知識人たち、(…)とりわけT・S・エリオットが示した世界把握にあらかじめ先導された近代意識とその崩壊感覚を学習していたから」だと断じたうえで、次のように述べる。

(…)この知性主義的な世界把握は、当時の戦後日本のなかでいかに非現実的に見えようと、それが新しい詩的視角からの戦後表象だとして提出されてしまえば、その鮮やかな切り口こそが新しい詩の世界を告知するものとして圧倒的に現前して見えてしまう、というある意味での顚倒がおこなわれている。このことに誰も異を立てることができないというかたちで現実化されていったのではないだろうか。ことばが現実と遊離するとしても、そこに見えない現実を見るという視点が担保されていれば、ひとはいやおうなしにこれが新しい詩、すなわち〈戦後詩〉と呼ばれるものの威力なのだと感じさせられたはずである。そこに見出されたものこそが〈戦後詩〉が生み出した新しい意味であり、戦慄的な美であり、その技法としての隠喩なのだととりあえず言っておこう。それはもはや失われた意味の回復でさえなく、むしろ新たな意味の発見、意味の設定だったと言うべきなのである。(同前)

「知性主義的な世界把握」の告知がなされることで、ひとつの時代性格が支配的に決定されてしまうという逆立的な構造は、言説上なら十分にあり得る事態だろう。だが、それが共同的な時代経験の次元に置き直されるとき、果たしてその知的パラダイムはみずからの根拠を現実の側にどこまで有効に投げ返すことができるのだろうか。おそらく鮎川信夫において、その問題に対する回答は、みずからの詩作行為を「厳格な客観的基準と宗教的詩的価値の絶対性の必要」（鮎川「詩人の出発」）を満たす「特権的行為」（同）にまで高めていく思想として、生涯受け継がれたのではないか。およそこのような仮説のもとに野沢はそれを鮎川における「これ以上退くに退けない実存の拠点」と呼び、同時にこのあまりに戦後的に過ぎる構想じたいを「普遍的に問い直すことが鮎川を真に継承する意味なのではないか」とまで述べる。だとしたら、この問いは、私たちにとっても未解決の状態で、いまだ不安に投げかけられたままだということになろう。

〈パルレシア〉から〈エンテレケイア〉へ

　この数年、私が自分に課してきた批評上の課題は、文学領域の拡大ということだった。ひとことで言えば、これまで文学批評が対象としてこなかった領域に、文学の思いもよらない自由な萌芽を見いだすというミッションだった。そんな考えに捉われた理由としては、既存の文学世界に対する閉塞感が、自分の背中を否応もなく押したということがある。文学にもイノベーションがあっていいし、そのためには邪魔な壁は取り払われる必要があった。

　またそれとは別に、もうひとつ抗いがたい大きな理由があった。災害や戦争など、世界が私たちに牙を剝いて襲いかかってきたとき、文学にはなにか有効で意味のある役割がまだ残されているのか？もし残されているとしても、既存のスタイルではもはやとても太刀打ちできないのではないか……。そんな漠とした思いも渦巻いていた。

　三・一一以後とは、私にとってまさにそのような事態を意味していた。言葉への〈信〉と〈不信〉をめぐるこれまでの潮目の位置が、私の内と外とで間違いなく変わったのである。

　こういうことは理屈としてではなく、おそらく刃《やいば》のような直感として突然にやってくる。同時代に生きる私たちは、そうした鋭い旋風の切っ先にいやでも触れることになる。自ら出血するのを、その時、誰しも免れることはできないのだ。
「震災以後の詩とは、「パルレシア」の意志としての詩であると私は思う」――河津聖恵の直感的な刃《やいば》は、論理よりも速く、読む者の心臓めがけて一気に直入してくる。評論集『パルレシア――震災以後、詩とは何か』（思潮社）の劈頭におかれた文章で、彼女はこう述べる。

今、新しい比喩こそが待たれている。一気に別な現実の輝きに触れることで、水の濁りを突き抜け、他者との共感の通路を創造しうる比喩が。その結果、この汚れていくばかりの絶望的な現実が、別の意味合いを帯びてくるような神話的な、宇宙的な比喩が。詩本来の想像力で、消えゆこうとする現実の空をふたたび押し広げ飛翔するための比喩が。汚い現実と化していくこの悲しい世界を、人間の痛みが極まる一点から、鮮やかな虚構へとめくり返す比喩が。真実というものの存在を、隠されている星のように信憑させてくれる比喩が。いつしか星さえ見上げることも忘れ、ばらばらの生存のコップに閉ざされ、孤独の嵐に苛まれていた人間の暗い水に遥かな星の光を映り込ませ、未知の星座の夢を再びもたらす比喩が。
（「「パルレシア……」または命がけの比喩という行為」）

河津によれば、「パルレシア」とは辺見庸のエッセイで初めて知った言葉であり、「何についてでも率直に真実を語ること」が、その意味だとされる。これが二〇一一年暮れの文章であることを思うと、河津のなかでこのとき急迫していたものの実体が、当時、私自身のなかで際限もなく膨らんでいた憤怒のようなものと、遥かに響きあうのを感じずにはいられない。

震災は、この国の戦後から戦後＝以後にわたる時間の枠組みを、完全に破壊する出来事だった。少なくとも私は、当時も今もそう思っている。だがひとつだけ留保しなければならないのは、被災の強度が人それぞれによってかなりばらつきがあることだ。これは、現実に被災した事実の有無とは、恐らく関係がない。経験の深部に、震災がどう突き刺さったのか、その傷の深さのみが被災の強度を決定する。河津が詩的な喩の在り方として、過去を一切喪失したかのような「パルレシア」的境位に言い及んでいる姿は、言葉の表現の次元で、辺見庸というもうひとつの震源によって共振された経緯もろとも、この強度によってはじめて喚起され、また必然化された思想主体の輪郭をそのまま映し出している。一方でもし、震災を何の契機ともなしえない思想とは、やはりその強度を否が応でも問われることになるだろう。

偏狭な言語〈文学〉の箱庭から、無辺な純粋言語〈事象〉の原野へと向かわねばならない。何故と問われるなら、内部に宿る復讐の神がそう促すからだ、とだけ応えておこう。現代の恐怖の形象が、大気中に放出される不可視の放射能による攻撃なら、文学はそれ以上の逆説的広がりをもって世界を覆い尽くすしかないだろう。

藤井貞和が『日本文学源流史』（青土社）で展開する他に類を見ない史的文学論からは、文学領域の拡大ということについて、実に多くの啓示を受け取ることができる。とりわけ、その第十五章は、非常に長い歴史的スパンにおける「文学」概念の変遷をたどる内容であり、そこで藤井は根底にあった自分の問題意識をこう述べる。――「「文学」という語はこんにち、文学的とか、文学性とか言う言い方を許すまでに、詩や小説や随筆を愛好する人たちの自己目的をさすようになってきている。それでよかったのか、という深い疑問を含めて、「文学」という語の長い経過をたどる必要を感じる」というようにである。野口武彦の一九六七年の論文「近世朱子学における文学の概念」を上書き保存するかたちで、彼は次のように述べている。

（…）語としての「文学」は古来、たしかにある、また、少ない数とは言えない。その時代時代において、学問、時には詩文を意味する、この「文学」という語が、他の熟語、たとえば前述の「文章」や、あるいは「文道、文藻、文華」といった類のことばとどう違うか、現代人が文学的とか、文学性とかいった語感で言う「文学」という述語に近いかどうか、なかなか証明できない。
「文学」はけっしてそれじたいの目的でなかった。近世なら近世の「文学」が文学じたいの要求でなく、「道」あるいは思想性においてまさに「文学」であること、「文学」という語が現代で言うならば思想的探求ということとほとんど同義語であった状況について、積極的に評価しようとする試みに野口武彦「近世朱子学における文学の概念」（「文学」一九六七・七～一〇）があった。
（第十五章「「詩」「小説」「文学」の〈古代から近代へ〉」）

藤井の所説を要約すると、「文学」が自己目的化したのは明治以降であり、その前史には江戸期における戯作などへの関心の高まりから、儒教的な価値観（道）からそれ（文）を離脱させてきた過程があったということになる。それが「近代的成熟」（＝自己目的化）ということの意義だったとしても、近代化の過程で「文学」が切り捨ててしまったものは余りにも大きかったのではないか、ということだ。ここには、文学の経済的価値などとはまったく別の次元で、改めて問い直されるべき本質的課題が含まれていると思われる。

また、『対論II――この詩集を読め 2012～2015』は、「び－ぐる――詩の海へ」に掲載された、山田兼士と細見和之による文字通りの対論を収めたものだ。毎回交互に取り上げる詩集をひとつ決めて、それを両者で徹底的に論じ尽くすといった内容であり、いわば二人だけの合評会の体裁を取っている。本書は二〇一二年から二〇一五年を対象期間とし、この間に刊行されたものの中から評者が「この詩集」と思われる一冊を任意に取り上げていくのだが、純粋に面白く読んだ。この企画の真髄は、なんと言ってもふたりの間に交わされる会話のフレクシビリティが醸し出す想像世界の広がりに集約される。たとえ自分がその詩集を読んでいなくても、二人の会話に読者として参入することで、不思議な共時性を経験することになるのである。

山田 僕はね、いろいろ推測してね、間違っていてもそれはそれで解釈の自由として、あえて言えば憶測を重ねて行く、そういう読み方をするのは楽しい。

細見 たしかに、地震のイメージで読めますね。「あなたはまだ仕事を終えてはいないだろう。思索を重ねて、突破を試みているはず」。でも、そういう風に読めたとしてどうなんだろう、読者にとって。例えば二〇一一年のある心象風景として二十の場面が連なっている映像を見せられたら、それなりにそれぞれにその物語を思い浮かべることができるかもしれない。関係の破綻、恩師の死、それから地震、そういう決定的な出来事をめぐる二十の断章的映像。しかし、文字としてこれを読み解くのは読者として困難ではないでしょうか。

（第16回　江夏名枝『海は近い』）

細見　実際には七年前に書くか発表していた詩が、今になってインターネット上で改めて取り上げられるのも、そういうあたりが関わっていますね。

山田　現在の情況下だと「反戦詩」という性質が目立つ読まれ方をする。七年前には必ずしもそうではなく、可能性への警鐘を鳴らしていた、もう少し漠然とした形でね。満員電車やネット上ではいろんなことがあって人を人とも思わなくなって、人の神経が麻痺していって、戦争がはじまっても分からなくなってしまいますよ、という未来形だった。

細見　それが現在形になってしまった。

（第24回　宮尾節子『明日戦争がはじまる』）

山田　現代詩はサイモン&ガーファンクルを超えられるのか（笑）。いや超えたら凄いよ。

細見　グラフィティというのは壁に描いてある絵や落書きじゃないですか。「サウンド・オブ・サイレンス」の最後もそういう話ですよね。壁に大事な預言が書いてある。

山田　「The word of the prophets are written on the subway walls」でしたね。

細見　まさしくあれはワシントン大行進の時代です。あの時に、ポール・サイモンの白人の友人が行方不明になっていて、それに対するプロテストが彼の歌の始まりです。黒人の公民権運動に加わっていた白人の友人が行方不明になって、明らかに白人の謀略で殺されたと思われるんだけれど、分からない。それを訴えても周りは何も聞いてくれない。それに対するプロテスト。その文脈としても、五十年前ということを感じてしまう。

（第26回　岡本啓『グラフィティ』）

論評がテキストに執着する限りは、おそらくテキストが語っていることを論評は超えられない。だが、論評ということの流儀は、決してそればかりではないのだということを、これらの会話の自由さは私たちに鮮やかに指し示してくれたと言える。

ところで、私は、詩が牙を剝く世界への反撃という一点においてみずからの自由を賭けようとする時、言葉のテロリズムという審級は〝あり〟だと思っている。無論それは、ヘイトデモの罵詈雑言とも違うし、左右両極の糾弾スローガンとも違う。いまここで定義することは非常に難しいが、でも絶対に〝あり〟だと思っている。そうした関心において鈴村和成『テロの文学史――三島由紀夫にはじまる』（太田出版）を読んだ。「私はテロリズムという鍵を使い、三島由紀夫の生首の封印を解こうと決意した」（エピローグ「生首考」）とあるように、本書は三島由紀夫を起点に、わが国の戦後の特に小説の歴史を「テロのスパイラル」という独特の観点から読み解く試みだった。一方では、同時進行的に、シャルリ・エブド襲撃事件やパリ同時多発テロにおけるイスラム原理主義武装勢力の影をそこに二重に被せるなど、現在世界の情勢論としての視野も周到に組み込んである。そのプロローグの章から、一部を引用する。

二つの映像が私にとり憑いて離れない。ふたつの生首が、といってもよい。一つは11・25自決テロの現場に残された三島由紀夫の生首。もう一つは、「イスラム国」がシリアの荒野に野ざらしにした、数知れぬ捕虜（人質）たちの生首。

両者の生首はパラレルになっている。まるで「イスラム国」は三島由紀夫の生首を模倣したかのようである。あるいは三島の生首が「イスラム国」の生首のプロトタイプにあるのか。

（「「イスラム国」は三島の生首を模倣する」）

文学領域の拡大は、ついに「生首」までをもその射程に含まざるを得ぬ段階にまで至ったことを、ここでは指摘するに止めたい。ただ、ひとことだけ言及するなら、実は私は本書中で、三島が若い時分に現在の皇后と見合いしていた事実をはじめて知った。そして「正田家の側から破談にされた」この縁談によって、その後、彼女が皇太子妃になったとき、三島の内に「禁止された者は聖化されるという逆転が生じた」（144頁）のだと述べられる部分に、ある種戦慄を覚えたのである。なぜなら、テロリズムの本質は、この内面的「聖化」の、直接的かつ暴力的な世界関係内投射に他ならないと思うからである。

瀬尾育生は、ここで言うテロリズムの体現者を「超普遍的な個別者」と言い換えたうえで、「こうした現在の逆説的個別者の類型が、じつはユダヤ教・キリスト教・イスラム教の共通の基底をなすアブラハムの物語のなかに、あらかじめ書き込まれていた」のではないかと言う。「LEIDEN—雷電」9号掲載のまさに前人未到の吉本隆明論において、瀬尾はキルケゴールに寄り添うかたちで、この問題を独自に掘り下げている。

じじつわれわれは、あらゆる普遍性を顧慮しないこのような個別者の類型が、現在の世界の中でみるまに「普遍化」されているのを眼にしている。表面的にはそれぞれの倫理と普遍を持つ宗教戦争・民族戦争・階級闘争などの外見をとっていたるところに、あるいは個人的・集団的な心理的病態とみえるところでもまた、このタイプの超普遍的な個別者が遍在し増殖している。

（「エンテレケイアにいたる――吉本隆明の反復される主題について」）

この論考は、テロリズムを直接のテーマにしている訳ではないにもかかわらず、その吉本思想の読み解きのかつてない深度において、テロや国家暴力に連なりうる思想上の「病態」を、ある水準で見事に脱しているとの印象を受けるのだ。

私はさきに、言葉のテロリズムという審級は〝あり〟だと書いた。だが、表現論としての具体的な構想がなにかある訳ではなかった。いうならば、さしずめ表現者としての存在倫理として、それはあるべきだし、また絶対になければならないという自覚を述べたのだ。だが、瀬尾のこの論考に最初に目を通して、ああ、ここにいま最も自分が必要とすることがすべて展開されているという直感を得ることができたのである。

よく知られている吉本の「自己表出」概念の出自を、瀬尾はふつう考えられているようにヘーゲル＝マルクス的な思考の圏内にではなく、意外にも十八世紀のライプニッツの内に発見する。すなわち「モナド」こそが「他からの力を受けることのない、それ自体が自存する力」、「それ自身が分割不能な「一者」」であって、吉本の「自己表出」の根源とは、世界がそこで「あらわれ出たもの」、「現われとしての「力」のかたまり」すなわち「世界が自己表出する現場」なのだと総括するのである。「エンテレケイア」（アリストテレス）とは、そこに冠される呼び名のことに他ならない。

思想が世界と戦うようには、文学は戦えないのかもしれないとずっと思っていた。だが、文学こそが戦わなくては、という思いも一方でより強くある。〈パルレシア〉から〈エンテレケイア〉へ、反撃する詩の力も世界大であることを自ずから要請しているのである。

非常時の〈詩〉と〈非常時〉の詩人

たまたま偶然とは考えにくい出来事が、現実にいま起きている。「没後30年　鮎川信夫と「荒地」展」（神奈川近代文学館）と「声ノマ　全身詩人、吉増剛造展」（東京国立近代美術館）という、ともに現代詩に関わりの深いふたつの展示会が、ほとんど期を同じくして開催中なのだ。前者は本格的に戦後詩を対象にした初めての企画展として、また後者は現代詩人によるこれもほとんど初めての〝詩〟の展示会として、位置づけることができる。無論、それぞれのコンセプトは同じではない。だが、私は何故かふたつの展示会から受けた印象体験が、奇妙な同質性を帯びる瞬間があることに気づいた。それは、〝詩〟が時間性から解放され、展示スペースという空間性を確保することで、そこに〈物質〉として存在し始めていることの不思議さからきているように思われた。

「荒地」展において最も私が惹かれたのは、鮎川の「戦中手記」の現物だった。幅十五センチほどの巻紙に細かい字でびっしりと書き込まれた四巻の「手記」は、すでに私たちの知っているあの『戦中手記』とは別物であった。至るところに語句や文節の挿入・移動のための指示の書き込みがあり、また、それらの文字面を構成するインクの紙魚や紙じたいの変色などが、強烈な物質性を発散させていた。個々の文字が微細なことと、ガラスケース内での展示だったこともあって、読む行為はほとんど成立不可能だった。明らかにそれは読む対象というより、見る対象としてあった。

これと似た体験は、「吉増剛造展」において「〈怪物君〉Dear Monster」の生原稿をみた際にも訪れた。図録その他からの情報によれば、その手書きテキストには吉本隆明の「日時計篇」を、平仮名・漢字をカタカナ表記にかえて書写した部分などが含まれており、一見するとそうした詩的記憶のぶ厚い層を、創作作業を通して解体する意図すら感じさせるものである。だが、テキストからそれら全部を読み取ることはできなかった。部分的には判読できても全体像の通読はきわめて難しいと思われた。長大な巻物形式のこの作品は、すでに書籍化が果たされてはいるものの（みすず書房・B5変形版・160頁）、その現物展示を見る限り、まさしく「読むことが不可能な詩」（保坂健二朗・同展図録）そのものであった。

〝詩〟がこうして物質として存在し始めると、それが人間活動の痕跡として生々しく意識されるため、不在であるはずの〝詩人〟の像を逆に生きいきと浮き立たせる結果になる。語る主体はもはや言葉ではなく、唯一無二の〝詩人〟こそがテキストの外側で一斉に語りだすのだ。

> 吉増剛造が三人の詩人（透谷、啄木、折口信夫――引用者注）において、そして無論のことみずからの詩作において重要視するのは、多種多様な符号や表記、文字の変格使用をもってして「支配言語」を内部から軋ませ、乱し、しかしまたそれを確固とした身体性において――いや、新たな身体性をふたたび「製造」するように書くことであった。
>
> （佐々木中「文字の歴乱――吉増剛造とその詩語」）

佐々木中は同展図録に収められている自らの吉増論のなかで、その特異な文字（記号）表記を内在的に読み解くという大変な力技を展開している。そして私とおなじく詩人の「身体性」というところに逢着している。私がたかだか直感で思ったことを、佐々木は徹底した理詰めの作業で論理的に跡付けてくれた訳で、実は大いに意を強くした。ここに、現代の詩をめぐるコアな問題性がまちがいなく隠れていると思えたからだ。

「ぼくは詩を書く／第一行目を書く／彫刻刀が、朝狂って、立ちあがる／それがぼくの正義だ！」（「朝狂って」第一連）——こう書くことが、そのまま詩になってしまう吉増剛造という詩人に、私は若い時分、心底驚愕した。なぜなら、自分が同じように書いても、それがそのまま詩になるとは全然思えなかったからである。この天地ほどの違いは一体何なのか、とずいぶん思い悩んだものだ。

今回、吉増の『我が詩的自伝　素手で焰をつかみとれ！』（講談社現代新書）のなかに、実はその答えがあった。

僕は非常時の底へおりていく。だから必死になるっていうことをやるのよ。必死という言葉を何度も使うけれども、普通にいう必死の「死」じゃなくて、必死になって、非常時のところへおりていこうとする。一種異様な意思の力の源泉は、まさに「非常時性」というものだと思う。

外面的にいうと、シャーマン的だとか、ものにつかれてるとかいうけれども、間違いなくそれは傷だらけの魂がどうしても胞子《ほうし》だとか光を出したくて、それで必死になってる状態。それは、もちろん最初から暗喩《あんゆ》なんていうことへ行くような精神じゃないですよね。

（「「非常時」のなかでの自己形成」）

「非常時」がないと表現が成り立たない、という精神の在り方こそが、吉増を詩人たらしめる根源の要因だったと述べられている。理由が何であれとにかく「非常時」に自分を追い込んでいくことで、おのれの発する言葉が詩へと変貌する。吉増剛造のこれが詩の原理であることが、ここには明確に述べられている。つまり、「荒地」に代表される非常時の〈詩〉とはまったく位相を異にする〈非常時〉の詩人とも呼ぶべきまったく新しいカテゴリーが現出しているのだ。詩人としての力量は、彼をとりまく情況とは無関係に、いかに「非常時」のうちに我が身を置き続けるか、言い換えればいかに「非常時」を永続化できるかによって決まってくる。その時、言葉の強度を立証する力は、書き方の技術や時代の経験に左右されようのない領域、つまり脱=規範と脱=暗喩に向かう純粋な言表のベクトルとして、つねに精神のゼロ地点から開始されなければならない——そのことを本書は、「自伝」というスタイルながら、現在にむけて過激に自己表明した戦闘の書だと言えるだろう。

一方、「鮎川信夫と「荒地」展」における北川透の記念講演「難路を歩む——鮎川信夫の詩が批評であること」は、戦後詩史の原点に位置するこの詩人について、作品分析の視点からこれまでにない新たなアプローチを企図したものだった。私なりにそれを要約すると、詩を詩以外のものから切り離し、言葉そのものへと還元した場合に、なおもそれが批評性を担保しつづけることの意味はどこにあるのか——それを、各時代からピックアップした鮎川の詩作品を読み解きながら、明らかにしていく内容だった。

私が特に印象に残ったのは、モダニズムの手法による戦前の詩から、意味を重視するようになった戦後の詩に至るまでの、そのちょうど中間に位置する作品についてだった。自分でひかえた講演メモによっているので正確ではないが、「新領土」25号(一九三九年三月二十日)に掲載された詩「カタストロフ」について、北川は、言葉と言葉のつながりに意味を持たせぬように書いている点では、モダニズムの手法を踏襲していると言えるものの、その裏には当時の鮎川の経験実体があきらかに感じられるという主旨のことを話されていたと思う。つまり、言葉が破片のように配置されていて、ジグソーパズルのようにそのピースを繋いでいっても全体の絵は完成しないのに、当時の鮎川の内面の反射がまぎれもなく読み取れるとして、そこに詩における批評性の萌芽を認めていたのである。私がこの部分にいたく揺さぶられた理由は、鮎川のこの戦前の作品が、戦後になって隆盛を極める暗喩表現の、恐らくもっとも早い時期の原初型を示していたからだった。

これに対して、非常時の〈詩〉のあり方としての暗喩を脱色し、これを換喩として読み変える理論的主張を続けているのが阿部嘉昭である。彼の第二弾の評論集『詩と減喩 換喩詩学II』(思潮社)は、二〇一五年に第六回鮎川信夫賞を受賞した前著『換喩詩学』以降に書かれた文章を中心にした第一部と、それ以前に書かれた詩人論をまとめた第二部とから成っている。彼が連綿と展開する一連の主張は、本時評の文脈でいうなら、さしずめ非常時の〈詩〉の非=非常時化とでも呼べばいいだろうか。「解釈」することを強制する暗喩に対し、換喩は「味読」することを要求する。暗喩が時間的な異化作用を引き起こすのに対し、換喩は空間的なズレを引き起こす。詩表現のあり方として、私はそのいずれかが優位にあるなどとは思わないし、むしろ表現形態としては両方ともありうるはずだと思う。だが、阿部が言いたいことは、多分このことと微妙にズレている。

貞久秀紀との対談の一部を次に引いてみる。

阿部　暗喩と違い、換喩は納得の構造から外れ、語の運動だけを追うことを促されてゆく。そこで読みの可能性が増すとすれば、構造への注視がふかまるためだと思います。暗喩では直近の類似物に眼が眩まされてしまう。ただし、換喩の亜種で、さらに奇怪な減喩では構造そのものの揺れに直面させられることになるかもしれません。

安井浩司が絶賛している河原枇杷男の句にもこんなものがあります。《秋の暮摑めば紐も喚《おら》ぶかな》。ここでも「紐」を具体的に視覚イメージ化できず、句の全体が揺れてしまう。

貞久　『換喩詩学』で、なぜ暗喩から換喩へ推移しようとするのか、あるいは、暗喩詩として読める詩を換喩詩として読もうとするのかと考えたときに、ぼくなりに考えたのは、暗喩は謎をつくるから、阿部さんの言葉で言うと肉の塊みたいなものをつくるので、暗喩詩の場合は「「私をほぐせ」という命法が権力的に作動する」。暗喩詩を与えられた読者は、それをほぐそうとがんばる、そのとき、作品と読者には権力者と非権力者、支配者と非支配者という権力構造が発生する。そういうのをこわそうとして、阿部さんは暗喩から換喩へという、新しい人間関係のコミュニケーションを開いていこうとしているのかなと思ったのですが。

阿部　そのとおりです。権力構造がきらいで、うごくものが好きなのです。

（「減喩と明示法から見えてくるもの」）

阿部嘉昭の「換喩詩学」の考え方のなかで、私が評価できるとすれば、特に九〇年代以降に顕著となってきた詩の言葉の底割れ現象（すなわち暗喩表現の壊滅状態）を、私などのように否定的文脈でばかり捉えるのではなく、その独自の換喩理論で、むしろそれらを肯定的に包含しうる評価軸をはじめて、それも単独で編み出したことである。暗喩詩を換喩的に読み換える可能性など、それまでは誰も想像すらしていなかったからだ。

だが、評価できない部分もある。引用部分にもあるように、貞久の発言を受けるかたちで暗喩表現を「権力構造」だと固定的に捉え、それを過剰に敵視して、言語表現の軸足を「換喩」から「減喩」へと性急に一元化するその手つきのなかに、個人の単なる嗜好以上の動機がなかなか見えてこないことだ。「暗喩的なものは、読者が作品を通じて作者まで至れという命法をたしかに持っている。それが厭なのです」（同前）という主張を持つのはいい。だが、その一方で、鮎川や「荒地」の詩人たちが出発点となって、これまで築きあげてきた戦後「暗喩詩」の膨大な累積を、〝権力的〟であるといった教条的な括りでもって実体的に消し去れると思っているのなら、それは違うと思う。戦後の詩が選び取ってきた〈暗喩〉表現こそが、言葉そのものにすら巣食う諸々の権力性と、もっともラジカルに戦いうる手製の武器であったし、今もあり続けている事実を私たちは忘れてはならない。

私はよく言われるように、詩が最近読まれなくなったとは必ずしも思っていない。詩集や詩論書などが読まれなくなったということはあるかもしれない。しかし、それとはべつの形で〝詩〟がシェアされ交換されていると感じるケースもある。むしろ問題なのは、人々のあいだに詩を論じようという動機そのものが著しく減少していることなのだ。

詩はいつだって非常時の産物だと私は思っている。詩の問題を考えることが、そのまま非常時の現実を考えることに繋がるなら、言われなくても人はそれを論じるはずだ。そのためにも私たちは、非常時について常に敏感でいなければならぬ。非常時を回避したいなら、近づかなければいい。そのほうがどれだけ楽か。だが、いつでも詩のほうが勝手にやって来るのだ。やって来たものとは、怪我を覚悟で、真剣にこれと格闘する他はないのである。

クリティカルな跳躍

言葉の指示対象は、そこに書かれていることばかりでは決してない。書かれていないことのほうに、その本当の意味が隠されているということは多々ある。多少とも文学批評に手を染めたことのある者なら、それはごく自明のことだ。つまりは行間を読むことのできる繊細かつ強靱な視力が要求されるのである。そして批評というもののこうした権能が、実は「憲法」という文学以外の法言語の領域でも大いにその力を発揮するのだという驚くべき発見に、いま私たちは立ち会っている。

谷内修三『詩人が読み解く自民党憲法案の大事なポイント』（ポエムピース）は、まさに特筆すべきその稀有な事例に相当するだろう。本書は「自民党憲法草案」（＝改憲草案）の一字一句を、専門的な法律知識をもたない著者があくまで詩人の眼で徹底的に読み解いた驚異の試みである。同時に現行の日本国憲法と改憲草案とを比較対照しながら、後者に隠された狡猾な権力支配の奸計をも、もののみごとに暴き出している。

例えば「第二十条　信教の自由は、何人に対してもこれを保障する」（現行憲法）と、「第二十条　信教の自由は、保障する」（自民党草案）――この違いが、瞬時に識別できるだろうか。ふたつの条文の違いは、

「何人にたいしても」の一句があるかないかだけのように見える。一見するとそれほどの差はないように思われよう。だがこの一句が削除されたことには、ある明確な意図があったと谷内は言うのである。隠れた主語をともに「国家」だと考えれば、現行憲法では百人百様の宗教を国家は「保障する」としているのに対し、改憲案で言われているのは国家が「信教の自由を保障する」という命題だけであって、「保障」の対象については何の明示もない。つまりそこで「保障」される宗教は、国家が認める人々の宗教だけであるとの含意がここには隠れているということが分かるのだ。

谷内の読解の方法は、「動詞」に注目してふたつの条文を読み直すという極めてシンプルなものだ。だが、これは思いのほか有効であり、二重三重に張り巡らされた文飾を取り去って、条文の骨格つまりその本質部分を抜き出すのに成功している。

改憲草案の「前文」の分析は、その意味で特に鮮やかである。以下、「前文」(自民案)を引く。

日本国は、長い歴史と固有の文化を持ち、国民統合の象徴である天皇を戴《いただ》く国家であって、国民主権の下、立法、行政及び司法の三権分立に基づいて統治される。

(「自民党憲法草案」)

特に問題となるのは最後の文節である。それまで「日本国は……「持つ」」あるいは「日本国は……国家で「ある」」と、S＋VあるいはS＋V＋Cの文が続いたあとにいきなり「日本国は……「統治される」」という受身の文型がくる。ここは主語を巧みに隠した部分であって、その本意は明らかに「国家(日本国)」が国民を統治するのだという公然たる宣言なのだ。

現行憲法の前文は、すべて主語が「日本国民」である。そして、わざわざ「政府の行為によって再び戦争の惨禍が起ることのないように」と書くことで、憲法は国民が政府を縛るものであるとの本質が明確に示されていた。これに対し、自民党の改憲案はあろうことか主語はすべて「国家」なのであって、「国家」が国民を縛るという転倒した内容に逆転しているのである。いかにそれが詐欺まがいの噴飯ものであるか、本書は容赦なくその悪意のこもった手練手管の数々を暴いている。これは詩の批評がみごとに対象領域を広げ、憲法改正という喫緊の国民的課題に思わぬ一石を投じたクリティカルな跳躍というべきである。

矢野静明『日本モダニズムの未帰還状態』（書肆山田）は、その短刀直入なタイトルが示すように、わが国の「モダニズム詩」が孕む宿命的な問題に、美術の領域をも視界に据えながら、ストレートに切り込んだ意欲的評論である。それは例えば、『戦争詩論』（二〇〇六年）における瀬尾育生の「戦争詩は、抒情を敵とし地方性・風土性を排除して、テクノロジーの「世界」性に加担してきたモダニズムの方法の、挫折ではなくて、完成なのである」との認識を引き継ぐかたちで、瀧口修造、北園克衛、そして鮎川信夫における「モダニズム」と詩意識とが「戦争」を通して千々に葛藤するさまを、重厚な批評的文体でそれぞれ描き出している。

（…）かつてのモダニストたちが戦争期を「空白」と呼んだ時、実は彼らは詩の言語の特権を守ろうとしたのである。つまり、詩的言語を外部空間から守ろうとして、戦争の現実と詩の領域の分離を図ったのであるが、結果としては、戦時下の詩と現実と、その二つを同時に消失させてしまう結果となった。

（「モダニズム詩・1――『戦争詩論』」）

瀧口が戦争期を「空白」として語り、それを「詩の問題であり、と同時に日本のモダニズム美術の問題でもあった」と総括する矢野は、同じくモダニズムを出自として持ちながら、戦争期の体験を経るなかで詩に倫理的要請を課していった鮎川信夫のなかに、モダニズム詩が「荒地」的な詩へと変貌していく契機――「倫理の中をイマージュが通過する過程」（「モダニズム詩・2」）があったことをとりわけ重要視する。見事なのは、『戦中手記』やこれら一連の詩の実作が、ひとつには北園の『郷土詩論』が孕むモダニズムの問題（「根の浅さ、さらに浅さを超えて、なにものにも根づかぬこと」）への痛烈な批判だったとし、これを思想史のレベルで再度包括的に捉え返していることだ。「戦争が露呈させたモダニズム詩の姿には、戦争より以前から既に内包されていた自分たちの未解決の問題が間違いなく含まれていた」と語る矢野は、いまの現代詩においても同形の問題が継続していると見る。そして、いまだ「未帰還状態」にあるモダニズム詩問題の核心が、まさにこの点にあるとするのである。「モダニズムの未帰還状態とは、今のことである」（「あとがき」）との言は、それがわが国の詩的近代を刺し貫く「未解決の問題」の現在形でもあることを、読む者に鋭く突きつけてくるのだ。必読の一冊であろう。

ところで、近年、詩を正面からまとも論じた詩論書になかなか出遇わなくなった。理由はいろいろ考えられる。まず、読まれないという予断が書き手側にも版元側にもあるのかもしれない。それ以上に、詩を論じるよりは詩を書いたほうが楽しいという事情も多分ある。だが、ひと口に詩と言っても時代によって変化していくものだし、つねに新しく勇気をもって論じられて欲しいと私などはいつも願っている。高柳誠『詩論のための試論』（玉川大学出版部）は、そんな私の欲求にストレートに応える内容の詩論書だった。「詩が拠って立つもの、あるいは、詩の母胎となるものをポエジーと名づけるならば、私はそれを、宇宙的・天上的なエネルギーの顕現・発露に他ならないと考えている」（「詩の淵源を」）――本書において特徴的なのは、このように「詩」は外部から訪れる超越的なものだという強固なモチーフである。「詩は、自己の内部にあるのではない。むしろ、詩とは世界からの不意打ちの光なのである」（「詩論のための試論」）――詩とはなにかについて、古典的とも取れるスタイルでこのように断言できる詩人は、その実体験において必ずそれに対応する何ものかをシェアしていると考えねばならない。それがこの著者において果たしてどのような体験性として訪れているのか、私には非常に興味があった。高柳は、それを「声」だと言っているのである。

改めて考えてみると、たしかに「声」には不思議な力がある。声帯を震わせることで発せられた声は、波動となって空気中を伝播し、相手の鼓膜を振動させ、それが大脳に伝わることでその意味を伝達する。しかし、伝わるのは意味だけだろうか。空気の振動というきわめて物理的・直接的なものだけに、意味を超えた、より体感的な響きだけではなく、色、光、匂い、肌合い、艶といった語彙でしか表現できない繊細微妙なもの、もっと言えば、霊的なものさえ伝えうる不思議さをもつのではないだろうか。「声」と同じように、「詩」というものも、ふだん私たちが考えている以上に直接的なものに違いない。

（「「詩」と「声」」）

著者はこのような知見を、二十年ほど前から続いているドイツでの自作詩朗読の体験から導き出している。それは、まず日本語で読み上げた後にドイツ語で翻訳を読み上げるというスタイルだったが、ドイツ人にこれが思いのほか好評で、著者自身「鳥肌の立つほどのポエジーを感じる得難い体験」をしたというのである。間違いなくここには、「声」を発する者は、「詩」に関する未知の要素が秘められていると見ていいだろう。ひとつだけ思い当たるのは、「声」を発する者は、それだけで直接的な主体であるという事実だ。自作と他作を問わず、あるいは自国語と外国語とを問わず、詩として書かれたテクストを音読する行為は、そこに「詩」を発する生身の主体を奇跡的に出現させる。それは、すでに出来あがった作品をなぞる行為なのではなく、こう言ってよければ〝声で書かれた詩〟を都度生みだす創造的行為なのではないのか。そんなことを考えさせられた。

詩をその内部からばかりでなく、外部、といってもその隣接領域から釣り糸を垂れ、食いついてきたポエジーをひとつひとつ愛おしむように、あるいは釣り上げたその不思議な姿に見とれるように、さまざまな角度からそれこそ真剣に観察した論評は、岡井隆『詩の点滅　詩と短歌のあひだ』（角川書店）の全頁を覆うものだ。そのサブタイトルが物語るように、本書は短歌、俳句、現代詩等の詩文学を、いわば横断的に鑑賞することでそれぞれの既成概念に回収されていかない自由な読みというものの大事さを、身を以て教えてくれる内容になっている。特徴的なのは、まさに言葉の第一級の匠である著者が、さまざまな作者の作品をひとつひとつ丁寧に読み込んで、作者の身の丈に目線をあわせるように評釈していく身構えないスタンスだ。そうやって鑑賞のプロセスをそのまま書くことで、決して答えを出さない反面、考えるための材料を読む者へじつに豊饒に残してくれるのである。

実は本書には荒川洋治について書かれた文章が三つ入っている。荒川の詩「見附《みつけ》のみどりに」について著者はこのように書いている。

多行詩であり、それをいくつかの節に分けて構成してゐるからこそ、この場面からあの場面への移行も可能なのではないか。

はたしてかうした場面の転換が、たとへば短歌や俳句の連作（あるいは連句）によつて可能なのだらうかといへば、かなり大きな、多行の詩の長所が、ここには見えてくる。これを、短詩に分解して記憶するだけでは全体を紹介することは無理なのではないか。

まして、「口語の時代はさむい」（これは口語——つまり言文一致指向の、話しことばが優先の詩に対する、漠然とした否定の気分、をあらはしてゐるのではないかと思へるが）といふやうな、漠然とした感想だけで、この一篇の、近世から現代までを包括しつつ、中にはインセストのまなざしさへ含んでゐるやうな、複雑な詩を、代表させることができるのかといへば、かなりむづかしいことになる。

（「荒川洋治の「口語の時代はさむい」」）

実は著者は、この「見附のみどりに」を島崎藤村の「千曲川旅情の歌」と比較して、こうした見解を導いているのである。引用中で「短詩に分解して云々」と言っているのは、藤村の詩をそうやって分解して記憶するようには、荒川の詩は記憶できないというのだ。しかし何故そうなのかは語られていない。さらに本書中の「危険な詩人　荒川洋治」では、詩「美代子、石を投げなさい」が取り上げられるが、ここでもなぜ彼が「危険な詩人」（北川透）であるかはさほど語られず、それとは少しずれた詩人象が見えてきたところで、筆はすでに置かれている。こうして岡井隆は、読めば読んだ分だけ思考の余韻といったものを無償で残していくような、そんな書き方を徹底しているのである。

それほど恐れられている詩人・荒川洋治だが、新しいエッセイ集『過去をもつ人』（みすず書房）がこのたび上梓された。荒川のエッセイは、読んでいて本当に面白い。時に感心し、時に笑いさえ吹き出てしまう。こういう文章を書く力が自分にはないので、その職人芸ともいうべき言葉の綾織にただただ圧倒されるばかりだ。テーマは文学に関わるものばかりだが、勿論、収録されている文章じたいも文学として高度な水準にあると私は思っている。そのなかに現代詩について書かれた一文を発見した。彼はこう書いている。

いまは小説など「散文」しか読まない人が大多数。「散文」は、伝達のために生まれた。「詩」は個人の心の奥底の声を示すので、ことばは人の心の混沌そのもの。いまは社会の圧力が強まり、個人が希薄になった。詩のことばは、その人自身のことばである。たったひとりになったときに、心のなかから純粋にわきでるものだ。詩は一見わかりにくいので、読む人の想像力が必要になる。読みながらいっしょに考えて、つくっていく。それが詩の世界なのだと思う。読んだらすぐにわかるようなものはあまりない。でも深いところから生まれることばは、時間がたっても色褪せない。読む人のなかにとどまり、今日も明日もひびきつづける。そういう「息の長い」ことばとの関係は、いまもっとも失われたものではなかろうか。

（「現代詩！　の世界」）

文学好きだけど小説は読むが詩は読まない、そんな一般の読者に向けての、これ以上ないくらい見事な、これは「詩」の広報ではないだろうか。だがこれは誰でもが気楽にやれる仕事では決してないのだ。文学や詩をあえてプロパーな主題に据えて、何気なく語る風のそのスタイルは、実は簡単なものではないと私は思っている。多分それは、荒川の詩がただの詩ではなく、〝詩の詩〟であることに深く関係していると思う。

越境するポエジー

詩がポエジーを核に持つとすれば、詩論は思想を核に持つのだと言いたい。だが、ポエジーにも思想は宿り、また思想にもポエジーは宿る。こうした相互の越境はなぜ起こるのか。詩も詩論もともに人が作りあげるものである以上、両者を繋ぎとめる通路がそこには絶対にあるはずだ。それは何か？

藤井貞和『構造主義のかなたへ――『源氏物語』追跡』（笠間書院）は、構造主義的なパラダイムを内部に装塡した異色の物語論として読むことができる。だが、ここで取り上げたいのは藤井が「物語学（narratology）」に光を当てている箇所である。「構造主義は私の壮年期にかさなる」と述べる藤井は、自身の古典研究がレヴィ＝ストロースに多くを負っている反面、バルトの「作者の死」への違和を滲ませながら、実はクリステヴァのテクスト理論にもっとも親近していたことを、目立たぬように「そっと記して」いる。（「十一　物語の構造分析」）そして「poetics という語にふさわしい訳語」は「物語学」だと言っている。

和歌という古典詩、短歌や長歌や旋頭歌その他の、文あるいは文章の性格を、形態面、成立面から解明し、語源などに関する考察も含めます。修辞あいてをややもすれば優勢としてきた、従来の研究だったでしょう。後述もするように poetics（詩学）という語は、物語学と訳してよい語で、和歌はけっして物語（散文を主とするとして――）から孤立していません。逆にいうと、和歌そのものや、和歌言語を含まない物語は考えられません。「うたの詩学」と称しながら詩的言語だけを取り出す手つきはどこかでむりをすることです。

（「十五　構造主義のかなたへ（講義録）」）

藤井がこのように主張する背景には、従来の一人称、二人称、三人称の体系にくわえて、「文学の文法」との限定つきながら、「作者人称（無人称）、語り手人称（ゼロ人称）、四人称」さらに「自然称」「擬人称」とカテゴライズできる表現を、他ならぬ『源氏物語』のなかに具体的に発見したことによる。ことにアイヌ語文法から想を得た「四人称」（＝物語のなかで三人称の人物が一人称的に思惟する場合の人称（物語人称）、「引用の一人称」のこと――引用者注）という概念は画期的である。『源氏物語』に見られる「心内文（心中思惟）」こそが、この「四人称」だと彼はいうのだ。

「作者の死」の問題から、今日、私たちが完全に解放されているわけでは決してない。つまり、作品をテクストと見なして作者の〝死〟を宣告するか、作品をドキュメントと見なして作者の〝生〟をそこに確認するか、いずれこうした二分法では文学批評は成り立たなくなっていると言いたいのだ。冒頭の問いに答えようとすれば、藤井にならい、私は詩的な人称（語り）と詩論的な人称（語り）の両方があり、さらにテクストの中には直接には出現しない「作者人称（無人称）」というものがあって、それが全体的に語っている最終審級なのだと言いたくなる。だが、そんなことで終わりにできないほど、じつはこの問題は根が深い。

近藤洋太『辻井喬と堤清二』（思潮社）における語りのスタイルは、作品よりも作者のほうに深く寄り添って、出会いを通して得られた経験を語ることから作品の価値に遡及していくという経路をたどる。本書においてもそのスタンスは一貫しており、自分がもっとも関心あることについて、作者本人に直接インタビューすることで得られた回答を随所に書き留めている。今回、私が興味深かったのは、二〇一一年に辻井が「サンデー毎日」（五月一日号）に寄稿した「東日本大震災に思う「詩の切実さ」」という文章に関するくだりだった。

辻井はこの文章のなかで、自身がかつて『きけ わだつみのこえ』の編集に関わった時のことに触れている。自分は「天皇陛下万歳」と書かれた手紙は排除すべきとの意見だったが、当時の大学の「フランス文学部長」は〝公正さ〟の観点からそうした手紙もありのまま掲載すべきとの考えで、実際にそのいくつかを収めさせた。辻井は、「その頃から、私の心の中で多くの戦没学生は私に微笑みかけるのを止め、無表情のままになってしまったような気がする」と書いているのである。近藤が辻井にその真意をより突っ込んで尋ねた際の内容を以下に引いておく。

——僕は「編集」に携わるほどの深さで関わってはいない。その他一般の立場の学生として、意見を述べる程度だったが、それでも責任はある。そのことを自分に許すべきではないと思っている。あの時の状況では、「編集」しないほうがいいということはできなかっただろう。フランス文学部長だった渡辺一夫さんはリベラルな立場から、戦没学生のいささか過激な日本主義みたいな考え方を入れたほうがリアリズムがあっていいという言い方をした。あの戦時下、渡辺さんや中野好夫さんなど、大学にはそういう戦争をくぐりぬけたリベラリストはいた。若者がサイパンで玉砕する。その死顔を美しかったとみるか、犬死だったとみるか。それをもう一度、私たちは考えてみるべきだと思う。僕はやっぱり若者たちの死顔は美しかったと思う。美しかったからこそ、戦争に反対する。いわゆる革新といわれる人たちは、認識と実際の受け取りかたにギャップがある。若者の死を犬死だったとして通り抜けてきた。これは文学に差し出された「お前はどうするんだ」という果し状だと思っている。彼らには天下の大義に殉じるという自覚があったはずだ。大義に殉じたからこそ美しいのではないか。むずかしい話だが、文学はそのぎりぎりのところで書かれなければならないのではないか。（「第2章　共産党国際派東大細胞」）

この箇所は、伝記風の体裁の本書のなかで、恐らくもっとも迫真の記述となっている。内容もさることながら、辻井喬から直接に話をきいた者にしか記憶されない一種体温のようなものが、ここには言葉の流路を巻きこみ熱く渦巻いているようではないか。ところで、引用箇所の中で「僕は」と言っているのは誰なのか。読む者はだれもがこれを辻井本人の言述として受け取るとしても、引用符がないのでここは著者の近藤が辻井から聞いたことを自分の言葉で要約したものだとの一応の理解にはなる。しかし、それだけの説明ではこの迫真性の根拠はまったく解明されない。本書全体をかりにひとつの大きな物語作品というように捉えるなら、この部分はまぎれもなく藤井がさきに打ち出した「四人称」（＝物語人称）で語られているからではないのかと私は思うのだが、どうだろう。

ドゥルス・グリューンバイン『詩と記憶』（縄田雄二編訳、磯崎康太郎・安川晴基訳、思潮社）は、私にとってきわめて啓示的な書物だった。現代ドイツを代表するこの作家について何の情報も持ち合わせてはいなかったが、一読して、その実力が圧倒的であると感じさせて余りある内容だった。本書は詩作品と詩論とを併載する詩文集であるが、その造本形態が奇しくも統合的であるように、収められている詩論がこれほどまで精緻に統合された姿で顕れていることに、大きな驚きを覚える。

グリューンバインは、象徴的にも、みずからの詩論を「死の町」ポンペイを訪問する描写から書き起こしているが、これは火山灰のなかに隠れた人型の空洞に石膏を流し込み、猛烈な熱で昔その場所で焼滅した名もしらぬ者たちの姿が、現代にみごとに復元されることがあったように、詩を形成する名もしらぬ「記憶」の所在について、その消息を指示する儀式の始まりを言外に告げるまさに意図的な身振りでもあった。

「抒情詩のテキストは、内なるまなざしの記録である」――このように述べるグリューンバインの論拠はじつは広大な領域に跨っていて、最終的にそれは「肉体的な起源」を有するというところに帰着する。それは言い換えれば、人間的な全現実こそが抒情詩の根源領域だと言っているに等しい。同じところで、こうも書いている。

そもそも抒情詩は、他の形式以上にはっきりと、芸術の、大脳に由来する側面を示している。抒情詩は、思考によって皺が刻まれた世界における、あらゆる気候の変化により敏感に反応し、抒情詩があらゆる現象に当てはめる尺度はよりデリケートで、共感覚の虹は抒情詩においてはより細かく色分けされており、いやむしろ、抒情詩において初めて、共感覚の虹は虹になるのかもしれない。抒情詩はあらゆる風土とより直接的に結び付いているように思える。つまり、植物相と動物相の全特性のもつ吸引力のなかで、あらゆる話し方、視角、生ける者と死せる者の走性による吸引力のなかで、地表に現れた根を通じた結びつきが存在するかのようである。抒情詩のなかでは、領域間のより親密な関係が生まれているように思える。つまりここでは、視覚野が言語中枢に触れ、聴覚圏は運動とリズムを司る指令本部に続いている。そしてこれらすべては、大脳辺縁系を介しているかのように、認識に先立つ動物的領域に根を張り、不安、快楽、攻撃性により近いのである。

（「わがバベルの脳」）

一個の詩作品がそれじたい独立した全体性を証しだてているように、ここでは詩論がその全体性を完全に代行しているかのように見える。「抒情詩」ということを、従来のように狭く理解する必要はまったくない。これらの表象群が果敢に指し示しているのは、たんに言葉の構築物の内部に「抒情詩」を閉じ込めておきたいという、器用仕事的な志向性とはまったく無縁の構想なのである。人間界と動物界、あるいは自然界と感覚界、さらには生者と死者、現在と過去といった既存の区切りをやすやすと越境していくものとして「抒情詩」がまず登記され、そこを頂点とする体系下に「あらゆる現象」が言語的に再配置される。そして「声」すなわち詩の「韻律的特性」が、それらすべてを繋ぎ止める役割をになって最後に登場してくるのである——「この要素（形象、言葉、抑揚、韻律——引用者注）の助けを借りて、詩は装飾されたひとまとまりの時間として、具象的な、ほとんど彫塑的なものとして、最終的にはほとんど一つの物体と化し、別の時代の別のものと結合可能となり、記憶の背景の空間に入り込む」（同前）のだ。いまや統合にむかう知的な努力よりも分断にむかう粗暴な力のほうが優勢になって、全地球を呑みこみつつある現在、

〈詩〉がそれら時代の記憶像を相互に結合し得る最後のトポスなのだといいきる根拠が、私たちには必要なのではないだろうか。本書はまさにそのことを闡明していると思うのである。

詩的表現におけるオノマトペの機能は、もちろんこれとは正反対のベクトルにおいて成立している。すなわち、〈音〉を隠して〈意味〉を前景化させるのではなく、〈意味〉を消して〈音〉を前景化させるのが、オノマトペの基本的な手法だからである。「現在詩を書いている人たちにオノマトペとリフレインの相乗効果による「音楽」の回復を試みてはどうか、と提言したい。なんといっても短歌や俳句といった短詩には使いこなせない、近現代詩に固有の装置なのだから」——評論集『詩の翼』(響文社)のなかで山田兼士は、その冒頭におかれた論考「オノマトペとリフレイン——萩原朔太郎と中原中也の愛唱性を探る」の中で、詩の音楽性を見直す観点からこのように述べる。「文語定型律を放棄した日本近代詩が音楽を志向する場合、「内在律」というような曖昧な観念を別とすれば、頼れるのはオノマトペとリフレインだけだった」との見解のもとで、萩原朔太郎と中原中也の〝革命的〟な「音響言語」のことが考察の俎上にのぼらされる。主にそこで言及されている詩作品が「鶏」(朔太郎)と「サーカス」(中也)の二篇であり、恐らく誰もが知っているであろう「とをてくう、とをるもう、とをるもう。」(「鶏」)と「ゆあーん ゆよーん ゆやゆよん」(「サーカス」)の、「音表」効果上の緻密な批評的分析が展開される。その手つきは切れ味よく実に見事だ。注意したいのは山田が「オノマトペとリフレイン」をことさらに取り上げる動機が、現代詩の世界に喪われて久しい詩の「愛唱性」を賦活させるカンフル剤として、これらの表現を捉えている点である。裏返せば、戦後現代詩の表現可能域を格段に広げるかもしれない〝詩の翼〟のようなものへの遥かな展望が、そこには底流しているのである。

『詩の翼』は全体が「I現代詩の百年」「IIフランス詩の百年」「III詩の翼」の三部構成からなる詩論集で、その論点も極めて多岐に渡っている。殊に現在の詩への強い危機感から発して、時空間を遡ること百年のスパンのなかでそれを捉え返すことにより、幾つもの重要な切り口が生々しく提示されてくるアクティブな内容となっている。例えば「『現代詩手帖』創成期をめぐって――一九五九年から一九六九年までを読む」のなかでは、一九六八年から六九年頃が「詩が最も多く読まれ、ある意味での最盛期でもあった」と語られる。「学生運動の高まりと政治闘争、カウンターカルチャーの隆盛、高度経済成長とその矛盾」といった戦後の激動と表裏一体のところで、「詩を書く者や書きたい者だけでなく、不特定の一般読者を大量に獲得した、おそらく日本文学史上唯一の時代だったのではないか」とも書かれているのだが、私もこの点はまったく同感だ。「詩が現実的に先取りされてしまっている」（渋沢孝輔「現代詩展望・詩人の書く権利と笑いの構造」、「現代詩年鑑'70」所収）ような稀有な歴史的現実がそこにあったことは否定できない。と同時に、その次にやってくる「七〇年代詩的言語革命」への萌芽も、実はそうした歴史過程の内にすでに胚胎されていたのだ。

私はIII部に所収の「字余りソングの詩的リズムについて――吉田拓郎の言語革命」を、山田自身が言及した現代詩における七〇年代の「言語革命」とパラレルに進行した相似の現象として、興味深く読んだ。山田はここで吉田拓郎の「イメージの詩《うた》」（一九七〇年）を引きながら、拍音数に対する歌詞の極端な「字余り」感が意味したものを考察して、次のように述べている。

十六拍（長音と休止をのぞくと十一拍）の中に一〇・一一・一〇と三十一もの音をのせていることが分

かる。曲そのものはきわめて単純なメロディとリズムから構成されているので、滑舌の良ささえあれば決して歌いにくいものではない。（…）菅谷（規矩雄——引用者注）の言う「等時拍」と「わたしたちの固有のリズム感覚」との「対位・格闘」が、たしかに詩表現における「〈行〉の構成」を実現しているのである。（同前）

山田はこれに続けて、吉田拓郎のこの歌詞が「ポップミュージックにおける口語自由詩の確立」であり、もうひとつの「言語革命」だったと断言する。つまり戦後現代詩とポップミュージックのそれぞれの分野で、図らずも時期を同じくしてふたつのタイプの「言語革命」が並存していたのだ。これは私にはひとつの重要な発見だと映った。言葉による表現可能性の拡大という面からすれば、これらふたつの現象は互いにシンクロしあう領域があったにしろ、ただ、両者の可視的なスタイルを比較した場合、深い裂目がそこに横たわっていたのもまた否定できない事実であり、その理由も不分明だ。両者の表現スタイルを根元のところで分けている原理部分の解明は、まだまだ途についたばかりだと言えよう。

記憶の稜線をめぐるもの

記憶はそれじたい生命を有する。とりわけ文学における言語表現の生命時間を〝記憶〟と名づけることに私はなんの躊躇も感じない。岡本勝人『「生きよ」という声――鮎川信夫のモダニズム』（左右社）は、全体がさまざまな時代のさまざまな記憶によって綾織られた評伝風の詩人論といったらよいだろうか。そこには鮎川自身の言葉はもちろん、交流のあった詩人や近隣者、さらには著者である岡本自身の記憶なども自在に流露していくつもの「星座」を描き出している。それを「アイオーン」というギリシャ語で著者は呼んでいる。

鮎川信夫は、想像的世界と現実的世界が不可分に重なって重層する表現の世界に生きている。表現の世界を底部で支える鮎川の無意識下から発する分節言語は、詩的なるものとして直接現れ語られると同時に、鮎川の生きた家族の時間と、同時代の文学や文化の時間に暗示された時代そのものが、永遠《アイオーン》の生命の詩となって錬金術的にかたどられる。詩人は、生きている都市空間のなかで、詩人の眼に映るひとつの風景が獲得され、内的な時間を生きている。

（「第六章　抒情」）

全体が十章からなる本書は、「戦争世代としての鮎川信夫を問題とするには、現実的に、大きな時代の開きを感じる。」（プロローグ）と岡本自身が述べているように、あくまで〈現在〉を立脚点にしたものであり、そこに底流しているのは同時代に対する潜在的な批評意識であることは注記しておくべきだろう。鮎川が第一次の「荒地」で詩的な出発を果たした一九三〇年代終盤から一九八六年に没するまでの約五十年間のみならず、さらに現在にまで至るそれ以後の同時代史の複合的時間をも、鮎川が生前の交渉史において関わった人物たちの記憶を交差させることでうまく射程に収めている。

なかでも晩年の吉本隆明との決別のくだりが、私のなかではほろ苦い読後感となり尾を引いた。普通、この事件は所謂「三浦和義事件」（ロス疑惑）をめぐる対談での両者の意見対立が直接の原因と考えられているが、本当のところは実はよく分っていない。私も以前にこの点を調べたことがあったが、結局、不分明のままである。だが、吉本と鮎川の年齢的な位相差が微妙に影響しているのではないかと薄々感じるところがないわけではなかった。岡本もこの決別の理由の分からなさに触れてこう述べている。

吉本隆明は、鮎川信夫との最後の結び目となる対談「全否定の原理と倫理」で、三浦和義事件を実存的に把握する自由主義的な鮎川個人の論理を否定こそしないものの、『最後の親鸞』以後、実存から展開して実存を超えた構造主義的な手法で、ポスト構造主義的現在をまえに、世界視線による解像力によって取り込もうとしつつあった時期であった。それのすれ違いにより、鮎川との交渉史を断ち切ろうとしたのだろうか。

「吉本がなぜ私と全く対立する見解を持つに至ったかは、実のところ不明である」(「読者へ――確認のための解註」)という、何度も引用するこの鮎川の動揺は、隠しようがないものだった。(「第八章　故郷」)

この対談が行われたのは鮎川六十五歳、吉本六十歳のときである。年齢的なふたりのこの位置関係について岡本は、「ふたりの姿からみえてくるものは、人間の人生、午後三時の時間からみた時代《アイオーン》＝永遠を語ることでもある。鮎川は詩を書くことのスランプを感じており、吉本も、埴谷雄高との論争を抱えながら、身体や精神の変調をきたす年齢に差し掛かっていたといってもよい」(第七章)と述べる。実は私も六十歳を過ぎ、このあたりは実感として分かるような気がしている。鮎川との三十年にもわたるつき合いがあるのに何故、と人は思うかもしれない。しかし、三十年にもわたる真摯なつき合いがあったからこそ、決別もまた必然的に招来されたのではないかと私は思うのだ。そこには鮎川が兄貴的な存在として、若い頃から吉本の最もよき理解者だったという事情がまちがいなく絡んでいただろう。人生の「午後三時」に、決別は鮎川の側ではなく、吉本の側でどうしても踏まねばならぬステップだったのだと、今は言っておくしかない。

季村敏夫の個人誌「河口から」特別号に掲載の岩成達也の論考「『森へ』をめぐって(その2)」を読んで、詩の〝稜線〟というものについて考えさせられた。タイトルは、この文章が岩成自身の詩集『森へ』にむけた何らかの志向によって書かれた作品であると暗示している。私が思ったのは、この思考の流れは詩集『森へ』に対する岩成の事後批評ともいうべき思考の〝稜線〟を改めて描き出しているのではないかということだった。さまざまな思想家が言及されるなか、メルロ＝ポンティにふれた箇所の一部をつぎに引く。

では「肉（chair）」とは何か。これも、また、私の個人的な偏った見方にすぎないのかもしれないが、私は「肉」を「パッショ（触受）」によって引き起こされる何かだと考えている。だから逆に、「肉」が受けとる「疼き（異和の生起）」は「パッショ（受苦）」しかない。つまり、「肉」はパッショによってのみそこに引き起こされ、それ故に引き起こされた「肉」はその創の疼きの――ある意味での――「痕跡」でしかない。だから、思考はその「文脈（思考脈）」をある程度自在に集散し再構築させ得るかもしれないが、「触受《パッショ》」ではその「触脈」ははてしなく連結されていくのみなのだろう。

こうした箇所から私は「概念の生命」（吉本隆明）というようなものをイメージした。述べられているのはことごとく概念的な言語であり、それらを一本につなぎ留めているのは一見するとロジックの鎖のように映る。だが、これは哲学論文でもなければ、百歩譲って詩でもない。ただ、記述の根底にあるのは、筆者の思考の息づかいのような何かである。つまり、生きられた思考が間違いなくここにあると信じさせる何かである。『森へ』が詩集であることを思い合わせれば、この一連の文章は詩集と相補的な関係にあって、その輪郭を作者自身が確かめるように手探りしている印象がつよく残る。つまり〝稜線〟を、だ。「私達は、私達の無底の奥に闇しか見ないことを拒絶するなら、見方をどのようにずらしていっても、私達は底のない闇の中に、深浅の差こそあれ、必らず「ロゴス（パッショであるロゴスを含む）」とでもよぶべき何かを「見出す」」――そしてそれは「まだみぬ故郷（Heimat）」なのだという、ある意味、文学的な結論にまでつなげられていくのである。この間の思考の連続というよりこうした飛躍にこそ、岩成達也の詩にこれまで私が抱いてきた〝詩論化した詩〟のリアルな舞台裏を垣間見る思いがした。一度書き終えたはずの詩作品は、作者自身にとっても、このように完全に自明なものなのではない。なぜなら、それは作者の意識をもこえた創作物だからである。つまりこの論考は、詩と思索が創造的に感応しあうプロセスの可視化された姿であるとも言えるだろう。

もうひとつ、野村喜和夫『哲学の骨、詩の肉』（思潮社）に触れておかなくてはならない。これは野村の詩的自伝といった趣きの書物だが、本書はいわば〝野村喜和夫による野村喜和夫〟が、詩史論的な眺望のもとにみずからを拡大再生産するという前代未聞の詩論集である。何しろ自分自身を自分自身が語る、それも普遍的に語るという謎の仕掛けが随所に施され、その徹底した自己言及型の論述がいつしか世界普遍性にまでとって代わってしまうという怪作だ。

その論点は多岐に渡るが、ここでは私が特に問題だと思うところの「ポストモダン的な詩」と「隠喩」に関する部分に触れたい。

ちょうどその頃、私たちはある種の喪、あるいは事後の雰囲気に包まれていた。いつの時代でも詩は人と同じように死んだり生きたりするものなのかもしれないが、とりわけ一九八〇年代後半から九〇年代初めにかけては、まことしやかに現代詩の死が取り沙汰された時代だったのである。それには無理からぬ理由があって、ひとことでいうなら、一九七〇年前後に兆し始めたポストモダン的な文化状況がいよいよ顕在化して、もはや引き返せないところまで来てしまっていたのだった。繰り返すが、根拠の喪失、「人間」の消滅。加えて、高度資本主義下における大衆社会状況、大量消費社会状況。そうしたなかで、世界と主体的に渡り合えると思っていた戦後の現代詩もまた行き場を失って迷走しはじめ、あるいは何らかの変容を余儀なくされて、その迷走や変容が、見る者によっては現代詩の死と映じたのである。

（「第9章　日本現代詩とポストモダンの思想　その2」）

詩をめぐるポストモダン的状況に関する記述としては、大変よくまとまっていて、特に私も大きな異論はない。だが、情況論をうまくまとめることが何のために重要なのかという問いがすぐに湧いてくる。いったい何を言わんがための情況論であり詩史論なのかが大事だろう。「ポストモダンとはたんなる流行現象ではない。ふたつの世紀を跨いでつづくいまという時代に基底として横たわるエピステーメーである」（同前）――引用箇所の後のほうで、野村はこう述べる。「詩のポストモダン」は終わってはいない、と。このことは読み換えれば、ポストモダン的な詩の実践を当時から現在に至るまで変わることなく継続してきた自分の詩こそが、いまも最前線に立ち続けているのだという自己主張の裏返しに聴こえるのである。

また、野村はこの本の終章を「隠喩」についてまるごと割いている。「語り得ないもの、名づけ得ないものの転記として再定義され、転記された文字性において還元不可能となる」（「終章　そして隠喩の問題に辿り着く」、傍点原文）――この「隠喩」なるものの本質を、野村は「謎の提示」だという。「隠喩は謎の提示であり、謎解きを誘うものであるが、隠喩的カタストロフはむしろその謎を深めるために生起する」（同前）のだと述べるのだ。この視点は一考に値しよう。そして次のように続けている。「なるほど隠喩は謎の提示であるが、さらには謎が謎として深まることによって、それは言語の足元に深淵をひらき、眩暈の体験をもたらすのでなければならない。それが詩である」――最後の結論はポストモダン詩人らしからぬ、なんとも戦後詩的な喩概念の近辺に落ち着いたとみえるのは、果たして私だけだろうか。もっとも自分が自分を語るとは、いわば無限（謎）が無限（謎）を語るようなものだから、この着地点もおのずと領けるというものなのだが。

人が人を語る構造について

私たちの周囲では詩論や詩批評の主要な傾向が、人が人を語る言説構造のほうへどんどん舵を切っているような気がしている。無論、以前から詩人論というジャンルはあったし、それは作品論や情況論とはあきらかに区別されるベクトル上に思い描かれていた。だが昨今の〝誰かによる誰かの語り〟のいくつかの優れた展開は、それとはやや位相を微妙に異にしているような印象を私に与える。従来の詩人論が、どちらかといえば語られる対象（詩人）の個性的な輪郭を描くことに重心をおき、いわば差別化する方向にあったとすれば、昨今のそれは対象となる詩人の生きた時間というものに焦点を当てることによって、むしろその個性を普遍化する方向にあるように見えるのだ。〝誰か〟による〝誰か〟とは果たして誰なのか？まったく新しい言説構造の出現に、いま私たちは直面しているのかもしれない。

佐々木幹郎『中原中也——沈黙の音楽』（岩波新書）は〝佐々木幹郎による中原中也〟を評伝スタイルで描き出したものである。佐々木の著作としてはすでに『中原中也』（一九八八年、筑摩書房）があるが、本書はサブタイトルに「沈黙の音楽」とあるように、先行書においては明確に対象化されていなかったか予感としてしか触れられていなかった「歌」の部分が、くっきりとした輪郭を伴って語り尽されている。

例えば中也の代表作「朝の歌」について、私たちは詩集『山羊の歌』所収の偶数行二字下げのスタイルのものをすぐに思い浮かべるが、実はこれは「第四次形態」と佐々木が呼ぶ完成形であって、もっとも早くに活字になった「第一次形態」――一九二六年七月に小林秀雄に初めてみせた詩稿――は、全行が頭揃えで書かれており、発表された経緯もある音楽集団の機関誌に「歌曲の歌詞」としてだった。そして「中原中也が詩のなかに、字下げの箇所を作るようになったのは、おそらく詩の言葉のなかにある「音楽」を意識したからだろうと思われる」と佐々木は述べている。この年は彼の恋人だった長谷川泰子が小林のもとに去ったその翌年であり、中也はいわば絶交中だった恋敵に自分の手の内を見せたことになるわけだが、さらなる深読みを許してもらうなら、中也が「音楽」をことのほか意識した背景には現実の人間関係の側からふりかかる精神的屈曲を、詩において普遍的な次元にまで昇華せしめようとする動機がそこに働いていたのではないかということだ。「朝の歌」の最終連にふれ、佐々木は次のように述べる。

「さまざまのゆめ」は、広大な空の奥へ、風に乗って、土手づたいに、風船のようにゆらゆらと上昇して消えてゆく。このとき、「うしなひし」ものは、第四連で最終的に「うつくしき」ものになっているという、作者の発見が重要だ。中原中也は自らの倦怠感も喪失感も、そこにいたるまでの長谷川泰子をめぐる恋愛事件にともなった苦しみも、「うつくしき」ものに昇華したという、その自負を示しているのである。

そのことをよく象徴しているのは、第三連二行目の「ゆめ」が、第四連三行目で漢字の「夢」に改められて、鮮明な輪郭を持たされている箇所である。ここでの「夢」は、作者がこの詩を書くことによって手に入れた、あるいは手に触れることができた、詩というものの感触であったと言ってもいい。推敲を重ねるにしたがって、中原中也のなかで「朝の歌」の焦点が明確に絞りこまれてきている。推敲は実に、一九二六年（大正一五年）から『山羊の歌』編集期の一九三二年（昭和七年）まで、七年の時間がかけられていたのである。

（「第1章　無限の前に腕を振る」）

佐々木は中也の詩作品以外のさまざまな伝記的資料をも緻密に渉猟しながら、その論理と論証の積みあげの果てに、沈黙の「歌」がどのように見出されていったのかを、彼の詩作の本質過程にそったきわめて高度な批評的読解によって見事に彫琢している。例えば『在りし日の歌』に収められた詩「曇天」において、「はたはた」という「沈黙の音」が文字による「究極の「歌」」としてどのように成立し、かつまた定着されたかということの論証や、同じ詩集のなかの「あれはとほいい処にあるのだけれど」で始まる「言葉なき歌」について、「「あれ」は「歌」である（…）」といった私などには実に鮮烈に響く思いがけない新見解など、新書という一般教養書でありながら、すでに世を去ったひとりの詩人の創作の原理にまで再び降り立って作りあげた〃佐々木幹郎による中原中也〃のこの超越的物語は、読む者を最後まで飽きさせない高度な専門性をも内在させた極めてスリリングな内容となっている。中也ファンならずとも、詩と関わる者には必読の一書であろう。

江田浩司『岡井隆考』（北冬舎）はその名の通り〃江田浩司による岡井隆〃をいわゆる詩人論のスタイルで展開したものだ。だが、全部で五六四頁に及ぶ浩瀚な本書は、私がこれまで恣意的に抱き続けてきた岡井隆像を、まさに完膚なきまでに打ち崩してくれたと言っていい。これまで私がどれだけ岡井隆のよき読者であったかは大いに疑問のあるところだが、それにしても歌人でありつつ詩人でもある岡井隆のどこか異端的な相貌は私なりに摑んでいるつもりだった。それが完全に覆ったのである。

きっかけとなったのは、詩集『注解する者』（思潮社、二〇〇九年）誕生につながり得る、岡井の先行する散文作品を内在的に貫くところの創作原理について考察した「散文から散文詩へ」（「第三章　岡井隆研究ノートⅠ」）の一文である。岡井には四十歳代の前半から中盤にかけて、創作における五年の「空白期間」（＝九州放浪：引用者注）があった。江田は、岡井が短歌と訣別した一九七〇年代前半のこの五年間の意味をとくに重視し、「字義どおりの歌人にも詩人の枠にも収まらない、特異な詩歌創作者」（「序　詩人岡井隆」）が、如何ようにして誕生することになったかを、その期間に書かれた三冊の注釈書（『茂吉の歌私記』一九七三年二月、『辺境よりの注釈　塚本邦雄ノート』一九七三年十月、『茂吉の歌　夢あるいはつゆじも抄』一九七四年十一月）の読み解きを通して精緻に跡付けようとする。驚くべきなのは、そこに潜在してはいても直接的な痕跡をいっさい示していない岡井の創作原理上のその間の変遷過程が、すべて文字化されたテキスト（対談等をも含み、すべて文献化されているという意味）への批評的アプローチによって拾い出されている点だ。「岡井の散文詩が詩人による散文詩と明らかに異なっているのは、短歌における詩の問題という観点を突きつめ、その後、独自の散文表現を経て獲得した文体だからである。岡井の散文詩は、行分け詩から散文詩への可能性を追求するものではなく、短歌と詩と散文の問題系から敷衍され、止揚されたのである」（「散文から散文詩へ」）――と、江田はこのように述べ、先の三冊の注釈書が『注解する者』の「原型《アーキタイプ》」的な性格の作品だった可能性にまで言及する。ただ、事の正否はさておき、私にもっとも鮮烈だったのは「茂吉の葬儀に出席し、柩を担うという岡井にとって運命的な体験」（江田）をめぐり、約四十一年の間隔をもって書かれた散文と詩作品（「偶像としての茂吉――序にかえて」及び「大歌人出棺の図」）を江田が相互に対照させながら、次のように述べている箇所だった。

「偶像としての茂吉――序にかえて」が、茂吉の死とその柩を担った体験から、その十七年後の、歌人としての自己を率直に内省しているのに対して、それから四十一年後に書かれた散文詩は、すでに茂吉の死の年齢を越えながら、茂吉という歌人を意識に置きつつ、茂吉の柩とともに短歌という詩型を担って歩んでゆく岡井の姿を彷彿とさせる。いや、この散文詩を読んで、私の躰の内側に冷たいものが趨ったのは、岡井が八十歳を過ぎても担い続けている短歌が柩のように見えてきたからである。詩型としての柩を担い続け、その詩型に「詩」を蘇生させるべき数十年の歩みが、いまも延々と続けられている。そのような孤高の姿が、この散文詩の背景から立ち上がってくる。（「散文から散文詩へ」）

読みの極北というものがあるとすれば、恐らくそれはこうした箇所に現れている〝何か〟に相違ないだろう。「いまも、岡井は短歌という詩型の生死に立ち合っている」のだと江田は言い、その〝何か〟を「茂吉に添いながら歩んで来た歌人としての数十年の歴史に、意味を新たにしつつ刻み込まれていった重みとして、いまなお岡井の表現者としてのアイデンティティに深く関わりながら存在し続けているもの」だとする。明らかにこの部分は、江田が岡井に寄り添うことを通してはじめて見えてきた新たな文学的価値の所在を、なによりも雄弁に闡明した言説でもあるだろう。

大道寺将司という名前は、もはやある年代以上の者にしか記憶されていないかもしれない。ここで私がこの名前を出したのは、戦後のわが国で起きた重大な爆弾テロ事件の首謀者で、東アジア反日武装戦線「狼」グループを率いた極左活動家としてではなく、獄舎内できわめて個性的な俳句作りを営々と積み上げてきた創作家＝死刑囚としてである。友常勉は「武器を取れ――大道寺将司の俳句」（「HAPAX 7――反政治」）において、大道寺の作句活動について緻密に論じている。そして、彼の俳句作品の評価は現実的な「境遇」を抜きにしては到底語り得ないものだという主張を、読む者に強く訴えている。彼の俳句は「キタコブシ」という交流誌を通して、「家族と獄内外の友人たち・支援者に向けて書いた通信に付されて」発表されてきた。そして、一般に俳句作品はそれぞれが独立の完結した表現体として理解されるのに対して、大道寺は「自分の俳句に対し、十七文字以外の情報を参照することについて否定しなかった。というより積極的にそうした情報の参照を求めてきた」（友常）として、「自分が（俳句を：引用者注）作る場合、死刑囚であるという立場に置かれた状況を逸脱して作っては嘘になります」（「キタコブシ」73号、一九九七年十一月十八日）という大道寺本人の言葉を紹介している。続けて、友常は次のように述べている。

大道寺将司は一九八七年に最高裁で上告が棄却され、そこから確定死刑囚処遇がはじまった。この処遇のもとでは、面会や文通が可能なのは、当初はご母堂だけで、そのあと二人の親族に限り、月二回の面会と文通が可能になった。大道寺俳句の読み手は、この交通制限を理解することが求められる。また、大道寺将司が東アジア反日武装戦線「狼」部隊のメンバーであり、八人の死者と三八五人の負傷者を出した一九七四年八月三〇日の三菱重工爆破事件を含む、企業・施設の爆破を起した当事者であるという事実も参照されなければならない。さらに、二〇一〇年に多発性骨腫という癌を発症し、闘病中であるという現在も、知られる必要がある。[*] こうして俳人の境遇を情報として得ることは、作品の鑑賞を不自由にする。先入観のない俳句の読みはまず犠牲にしなければならない。だがそのうえで、大道寺将司という俳人は、十七文字の言葉を通してのみ観賞されるものとして、作句をおこなってもいる。すなわち、東アジア反日武装戦線のメンバーとしての来歴と、確定死刑囚としての立場という情報を織り込むことを読み手に求め、そのうえで自律的に観賞に耐えうる作句を自身に課しているのである。(「一　方法論」)

＊大道寺は二〇一七年五月二十四日、収監中の東京拘置所で死去

この論考は大道寺の第四句集『残の月』に沿って書かれたものだ。実は、私自身はこの句集を読んでいない。しかし、私も以前にこれとは別の大道寺の句集について論じたことがあり、友常がここで述べていることについては違和感なく首肯できる。現在、文芸思潮の基本的なスタンスは、作者と作品とを明確に分離する根強い傾向にある。しかし、ある特異な現実下ではそれが必ずしも有効な読みにつながらないケースが多々あることに気づくのだ。獄中での創作による場合など、そのことは特に顕著な現れ方をする。大道寺をはじめ日常的に自由のない獄中にある創作者たちの作品に接すると、彼等の背負っている歴史と諸現実の様相を一切顧慮することなく、その作品の価値評価のみを行うという行為は、まったく意味をなさないことが実地で得心されるのである。

大道寺の表現にむきあう志向性について、友常はそれを「作句を開始する以前から、「日常的なレベル」で〈反日〉を敷衍して問うていこうとする知人・友人たちへの共感として表明されていた」ものだとし、「作句はそうした意識のもとで選ばれ、身体化していったものと考えたい」と総括する。この見解が頭ひ

とつ水準を抜け出ていると思うのは、友常が大道寺のこうした作句姿勢を、単なる文芸活動の反復としてではなく、大道寺自身が現状取り得るところの複合的な「表現闘争」の一環として、よりトータルな視点から継続的な活動と捉えているからだ。俳句の持つ季題が織りなすさまざまな言語表象が、政治や経済の言葉の届く範囲とは異なる位相にまで伝達されることで、より多くの読者を獲得しうること、またそのことが求心力になって彼の周囲に強い磁場を形成している現状などを踏まえたうえで、大道寺の「表現闘争」が「具体的な私たちの日常への柔らかく自律的なまなざしと、極悪の政治としての国家に対する批判を常につないでいるという意味で根源的なの」だと、高い評価を与えているのである。

【初出誌および引用・言及資料一覧】

I 情況と展望

批評の穴底と〈倫理〉の水脈／「現代詩年鑑2005」2004・12

守中高明『存在と灰――ツェラン、そしてデリダ以後』、山田兼士『小野十三郎論――詩と詩論の対話』、中村鐵太郎『西脇順三郎、永遠に舌を濡らして』、村井紀『反折口信夫論』、野村喜和夫『金子光晴を読もう』、城戸朱理『吉岡実の肖像』、安水稔和『竹中郁 詩人さんの声』、牟礼慶子『鮎川信夫からの贈りもの』

微差異化の地形／「現代詩年鑑2008」2007・12

吉本隆明『吉本隆明 自著を語る』、北川透『中原中也論集成』、河津聖恵『ルリアンス――他者と共にある詩』、藤井貞和『詩的分析』

二重の螺旋、または批評と詩史的情況論／「現代詩年鑑2010」2009・12

神山睦美『二十一世紀の戦争』、稲川方人・瀬尾育生『詩的間伐――対話2002-2009』、吉田文憲『顕れる詩』、野村喜和夫『詩のガイアをもとめて』

未到来のコトバ／「現代詩年鑑2012」2011・12

瀬尾育生「暮鳥」、吉本隆明『詩学叙説』、井坂洋子「四月の戦場」、和合亮一「詩の礫 2011.3.16-4.9」『詩の邂逅』

死神の封葬／「現代詩手帖」2012・5

吉本隆明インタビュー「「反原発」で猿になる！」、加藤典洋『3・11――死に神に突き飛ばされる』、瀬尾育生「吉本隆

佐々木幹郎『死者の鞭』、大澤真幸『戦後の思想空間』、清水昶「詩の辺境」、宗近真一郎『水物語に訣れて』、荒川洋治『娼婦論』、平出隆『旅籠屋』

「特集」誌面上の八〇年代フット・プリント／「現代詩手帖」2009・6

瀬尾育生「タナトスの接続法あるいは微細な詩人たちについて」、新井豊美『[女性詩]事情』

〈大地性〉と〈海洋性〉あるいは花盛りの迷宮／「現代詩手帖」2001・5

野村喜和夫・城戸朱理『討議戦後詩――詩のルネッサンスへ』、野村喜和夫『二十一世紀ポエジー計画』、城戸朱理『戦後詩を滅ぼすために』

幻影する黒船、あるいは詩的二〇〇〇年代へ／「現代詩年鑑2001」2000・12

北川透『詩的90年代の彼方へ』『詩の近代を越えるもの』、近藤洋太『〈戦後〉というアポリア』、新井豊美『近代女性詩を読む』、岡本勝人『ノスタルジック・ポエジー』

批評の小径《クリティカル＝ライン》／「現代詩手帖」2006・1、8〜10、11

マーカス・デュ・ソートイ『素数の音楽』、松本圭二『アストロノート』、座談会「終わりから始めるために」（水無田気流×石田瑞穂×杉本真維子×小笠原鳥類×久谷雉）、討論「詩論の成立する場所」（北川透）、キキダダママキキ『死期盲』、手塚敦史『数奇な木立ち』、小笠原鳥類『テレビ』、瀬尾育生『アンユナイテッド・ネイションズ』

正統的な怪物について／「現代詩手帖」2010・4

吉本隆明『日本語のゆくえ』、中尾太一『御世の戦示の木の下で』、北川透「戦後詩〈他界〉論」、岸田将幸『〈孤絶‐角〉』

III 詩論時評

「自己表出」が「自己表出」に出遇うとき／「びーぐる」30号　2016・1

築山登美夫『無言歌』、『吉本隆明〈未収録〉講演集』全12巻

「レトリックの思想」と歴史認識／「びーぐる」31号　2016・4

北川透「戦後詩論はどこで成立したか――詩人の戦争責任追及をめぐって」、『北川透 現代詩論集成2――戦後詩論 変容する多面体』、北川透「吉本隆明の詩と思想」、野沢啓「鮎川信夫という方法（1）」

〈パルレシア〉から〈エンテレケイア〉へ／「びーぐる」32号　2016・7

河津聖恵『パルレシア――震災以後、詩とは何か』、藤井貞和『日本文学源流史』、山田兼士・細見和之『対論II この詩集を読め 2012～2015』、鈴村和成『テロの文学史――三島由紀夫にはじまる』、瀬尾育生「エンテレケイアにいたる――吉本隆明の反復される主題について」

非常時の〈詩〉と〈非常時〉の詩人／「びーぐる」33号　2016・10

「没後30年　鮎川信夫と「荒地」展」、「声ノマ　全身詩人、吉増剛造展」、吉増剛造『我が詩的自伝　素手で焔をつかみとれ！』、北川透講演「難路を歩む――鮎川信夫の詩が批評であること」、阿部嘉昭『詩と減喩　換喩詩学II』

クリティカルな飛躍／「びーぐる」34号　2017・1

谷内修三『詩人が読み解く自民党憲法案の大事なポイント』、矢野静明『日本モダニズムの未帰還状態』、高柳誠『詩論のための試論』、岡井隆『詩の点滅　詩と短歌のあひだ』、荒川洋治『過去をもつ人』

越境するポエジー／「びーぐる」35号　2017・4

藤井貞和『構造主義のかなたへ――『源氏物語』追跡』、近藤洋太『辻井喬と堤清二』、ドゥルス・グリューンバイン『詩と記憶』、山田兼士『詩の翼』

記憶の稜線をめぐるもの／「びーぐる」36号　2017・7

岡本勝人『「生きよ」という声――鮎川信夫のモダニズム』、岩成達也「『森へ』をめぐって（その2）」、野村喜和夫『哲学の骨、詩の肉』

人が人を語る構造について／「びーぐる」37号　2017・10

佐々木幹郎『中原中也――沈黙の音楽』、江田浩司『岡井隆考』、友常勉「武器を取れ――大道寺将司の俳句」

＊詩論時評は、発表時の構成に大幅な変更を加えてあります

「あとがき」にかえて

詩文学関係の評論集をまとめることになった。実に三十年ぶりのことである。その間、批評文をまったく書いていなかったのかといえば、そんなことはない。あらゆる発表の機会をとらえて、文学批評のような文章は、途切れることなくずっと書き続けていた。だが、そのなかには書評や社会批評的な内容のものも多く混在し、純粋に詩と詩論の世界に照準をあわせた文章だけをあつめた評論集は、なかなかまとめることができないでいた。

今回、とある機縁が実をむすんで、二〇〇〇年（ゼロ年代）以降に書いた作品を中心に一冊として収録することができたことに、私個人の力を大きく超えたものの働きかけを強く感じ、心底から恐懼の念を強くして〝時熟〟という言葉の意味を、いまさらのように嚙みしめている。

I部は「現代詩年鑑」に発表した「詩論展望」が中心となっている。そこにも否応なく時代のリアルな傷痕は象徴的な影を落としており、私たちの言葉がそこで被ったものの実在性をいまなお語り続けている姿に、どこかトラウマめいた緊張が走るのを禁じ得ない。

II部は「現代詩手帖」に連載した時評その他から成っているが、そこには〝六〇年代詩〟以降〝ゼロ年代詩〃までのほぼ半世紀にわたる詩の歴史の諸相を埋め込んだつもりである。現代詩の〃戦後以降〃を綾織ってきたさまざまな流れについて、詩史論的な切り口から時系列的に網羅している。

III部は、二〇一五年から二〇一七年にかけて「詩の雑誌　びーぐる」に連載した「詩論時評」に、大幅な改変を加えて新たに稿を起こしたもので、現在の私たちの足元にまで地続きのテーマがもっともリアルタイムに展開されている箇所である。

そして、私がこれらの仕事を通して一貫させたものとは、詩をどう論じるかということよりも、詩の批評をどう論じるかという労多くしてどれだけ成果が得られるか覚束ない、そのようなほとんど手探りの作業行程だった。

時代とともに詩が変遷するように、詩への評価の在りかたも時間とともに変化する。だが、変らないものは本当にないのか、変ったように見えてじつは継続したものはないのか、また、それを語り得るのは批評だとしても、批評も変遷していくではないか。ならば、その時々の詩への評価をもっとも基底のところで方向づけているコンパスは何なのか、といった答えのない問いの周囲を、途方もない時間と労力をかけてただ逡巡しただけといった感がしないでもない。

タイトルの「クリティカル＝ライン」には〃批評の小径〃というニュアンスを込めた。聞きなれないこの言葉には若干の注釈が必要だろう。「クリティカル（critical）」には語源を異にする二つの意味がある。[批評的・批判的]というものと[危機的・臨界的]というものだ。前者の語源が[critic]であるのに対し後者のそれは[crisis]であり、どちらも形容詞形が[critical]なので混同されがちだが、両者はほんらい別々の言葉だった。こうした理由から不如意な両義性を身につけてしまったのが、この「クリティカル」の語である。

そして私は何故かこの言葉を、その不如意な両義性のままに使用したいと思った。「クリティカル=ライン」という言葉を私が表題に選んだのは、ひとつには数学上の超難問といわれる「リーマン予想」における「クリティカル・ライン（臨界線）」から、そのもともとの着想を得たことが挙げられる。素数の振舞いかたに関連の深いこの美しい〝予想〟は、その後、私のなかで素数と詩の言葉との振舞いの類似性が感受されるに及んで、次第に詩の批評における方法的な導線（クリティカル=ライン）といった意味へと変換されていった。そのようなものがどこかに眼に見える形で引かれているわけでは無論ない。言葉に内在する〝美〟の採掘を旨とする批評が、たしかな根拠のうえに立った行為として成立しうる臨界線のようなものは存在するのか――私がこの言葉を選んだのは、こうした問いかけに応答すべく、ひとつの作業仮説としてこの〝批評の小径〟なるものを構想した結果に過ぎない。もとより数学は門外漢であるものの、その硬質で透明な原理性については以前から畏怖に近いものを感じており、一介の素人がそれを文学理論に牽強付会的に接続しようと試みたとしても、それは数理への深い敬意からであって決して貶める意図からではなかった。

書かれた時期も取りあげたテーマもまちまちなこれらの文章群を、どこか深いところで貫いているものがあるとすれば、それは私個人の意志を遥かに超えた何者かによる、詩と相補的な批評というものへの促し以外にはない。時代性とも歴史性とも芸術性とも切り離すことのできない本質的な何かが自分の思考の源泉部分に根をおろし、これら一連の言葉を時間軸の彼方から呼びこむに至ったのだ、とだけ言っておこう。分断よりも継承を、批判よりも救抜を、そしてなにより否定よりも肯定をもたらす言葉の力能の所在を、私のこのささやかな仕事を通して読者と分かち合えることを、今はただ祈るばかりである。
本書をまとめるに当っては、じつに多くの方々のお世話になった。特に、筆者が最初に無定見な構想を打ちだしてから、何年ものあいだ真摯に向きあい続けてくれた思潮社の髙木真史さん、またその後、まったく新しいモチーフを軸にして忘れかけていたこれらの仕事にふたたび新しい光を当ててくださった編集部の出本喬巳さん、さらにブックデザインの全体を造本の細部に到るまで担ってくれた佐々木陽介さん、そして何より厳しい出版事情のなか、本書の出版を快く引き受けてくださった思潮社会長の小田久郎氏に心からの感謝を、この場をお借りして申しあげる次第である。

添田馨

二〇一八年九月二十八日　東京近傍の寓居にて

著者略歴

添田　馨　そえだ・かおる

詩人、批評家

一九五五年生まれ。詩集に『語族』（思潮社、第7回小野十三郎賞）、『民族』（思潮社）、『非＝戦（非族）』（響文社）。評論集に『戦後ロマンティシズムの終焉――六〇年代詩の検証』、『吉本隆明――現代思想の光貌』（ともに林道舎）、『吉本隆明――論争のクロニクル』（響文社）、『天皇陛下〈8・8ビデオメッセージ〉の真実』（不知火書房）などがある。

クリティカル＝ライン

詩論《しろん》・批評《ひひょう》・超《ちょう》＝批評《ひひょう》

著者
添田《そえだ》 馨《かおる》
発行者
小田久郎
発行所
株式会社 思潮社
〒一六二―〇八四二 東京都新宿区市谷砂土原町三―十五
電話〇三（三二六七）八一五三（営業）・八一四一（編集）
FAX〇三（三二六七）八一四二
印刷所
創栄図書印刷株式会社
製本
小高製本工業株式会社
発行日
二〇一八年十二月二十五日